Inhaltsverzeichnis

Arbeit und Berufsbildung

Privatleben

Wirtschaft

Inhaltsverzeichnis

Soziale Sicherung

Staat

Deutschland im Wandel

Umweltschutz

Internationale Politik

Berufsausbildung

Name: Klasse: Datum:

1 Kreuzen Sie die richtige Antwort gemäß Artikel 12 Absatz 1 Grundgesetz an.

- ☐ Jedem Bürger wird zugesichert, den Beruf ausüben zu können, den er möchte.
- ☐ Jedem Bürger wird ein Arbeitsplatz garantiert.
- ☐ Jedem Bürger wird garantiert, seinen Beruf und Arbeitsplatz frei wählen zu können, wenn entsprechende Angebote vorliegen.

2 Tragen Sie die folgenden Begriffe an die richtige Stelle der Übersicht ein.

Fachliche und allgemeine Bildung – Berufsbildungsgesetz – Schulgesetz – Rahmenlehrplänen – Ausbildungsordnungen – der Bund – das Bundesland – Abschlusszeugnis – Gesellen- oder Facharbeiterprüfung – Handwerksordnung – fachliche Bildung

Duales Ausbildungssystem

Betrieb	**Berufsschule**
Zuständig ist: ______	Zuständig ist: ______
Gesetzesgrundlage: ______ ______	Gesetzesgrundlage: ______
Vermittlung: ______	Vermittlung: ______ ______
auf der Grundlage von: ______	auf der Grundlage von: ______
Abschlüsse: ______ ______	Abschlüsse: ______ ______

3 Welche der folgenden Angaben soll ein Berufsausbildungsvertrag mindestens enthalten?

- ☐ Art, sachliche und zeitliche Gliederung sowie das Ziel der Berufsausbildung
- ☐ Art der Berichtsheftführung
- ☐ Beginn und Dauer der Berufsausbildung
- ☐ Regelung der Kosten für Berufskleidung
- ☐ Ausbildungsmaßnahmen außerhalb der Ausbildungsstätte
- ☐ Allgemeiner Hinweis auf anzuwendende Tarifverträge und Betriebsvereinbarungen
- ☐ Dauer der regelmäßigen täglichen Ausbildungszeit
- ☐ Dauer der Probezeit
- ☐ Zahlung und Höhe der Vergütung
- ☐ Regelung zur Beilegung von Streitigkeiten
- ☐ Dauer des Urlaubs
- ☐ Voraussetzungen, unter denen der Berufsausbildungsvertrag gekündigt werden kann

S. 17–21 Ausgabe Niedersachen	**Bildungsgänge**	S. 12–19 Ausgabe Sachsen-Anhalt, Brandenburg und Mecklenburg-Vorpommern

1 Jeder Ausbildungsvertrag muss einer für die Berufsausbildung zuständigen Stelle vorgelegt werden. Ordnen Sie den Ausbildungsberufen die jeweils zuständige Stelle zu und begründen Sie Ihre Zuordnung.

Zuständigkeit / Ausbildungsberuf	**HWK**[1]	**IHK**[2]	**LWK**[3]	**Begründung**
Friseur/-in				
Industriemechaniker/-in (IMS)				
Landwirt/-in				
Pharmazeutisch-techn. Ass. (PTA)				

[1] Handwerkskammer [2] Industrie- und Handelskammer [3] Landwirtschaftskammer

2 Aus dem Berufsbildungsgesetz ergeben sich für Auszubildende und Ausbildende gegenseitige Pflichten. Nennen Sie die wichtigsten Pflichten.

Pflichten der Auszubildenden: ____________________

____

____

____

Pflichten der Ausbildenden: ____________________

____

3 Stellen Sie die Argumente, die für bzw. gegen die Einführung einer Ausbildungsabgabe sprechen, in einer Tabelle gegenüber. Begründen Sie Ihre Ablehnung bzw. Befürwortung der Argumente.

Pro Abgabe	**Kontra Abgabe**	**Meine Stellungnahme**

4 Welcher Besuch einer beruflichen Vollzeitschule wäre für Sie empfehlenswert? Begründen Sie Ihre Antwort.

____

____

____

S. 22–27 Ausgabe Niedersachen	**Arbeit und Ausbildung**	S. 20–25 Ausgabe Sachsen-Anhalt, Brandenburg und Mecklenburg-Vorpommern
Name:	Klasse:	Datum:

1 Erarbeiten Sie mithilfe entsprechender Rechtsgrundlagen (Jugendarbeitsschutzgesetz, Arbeitszeitgesetz, Bundesurlaubsgesetz, Berufsbildungsgesetz, Tarifvertrag usw.), welche Bestimmungen in Ihrem Ausbildungsberuf gelten, und zwar hinsichtlich

- Geltungsbereich ____________________
- Arbeitszeiten auch an Wochenenden ____________________
- Berufsschulunterricht ____________________
- Ruhepausen ____________________
- Tägliche Freizeit ____________________
- Nachtruhe ____________________
- Fünf-Tage-Woche ____________________
- Samstagsruhe ____________________
- Urlaub ____________________

2 Schreiben Sie die unterschiedlichen Ziele auf, die durch das Bundesausbildungsförderungsgesetz, die Berufsausbildungsbeihilfe und das Arbeitsförderungsgesetz erreicht werden sollen.

Bundesausbildungsförderungsgesetz

____

____

____

____

Berufsausbildungsbeihilfe

____

____

____

____

Arbeitsförderungsgesetz

____

____

____

____

3 Erkunden Sie mögliche Wege einer Weiterbildung nach Ihrer beruflichen Erstausbildung. Stellen Sie diese als Flussdiagramm dar.

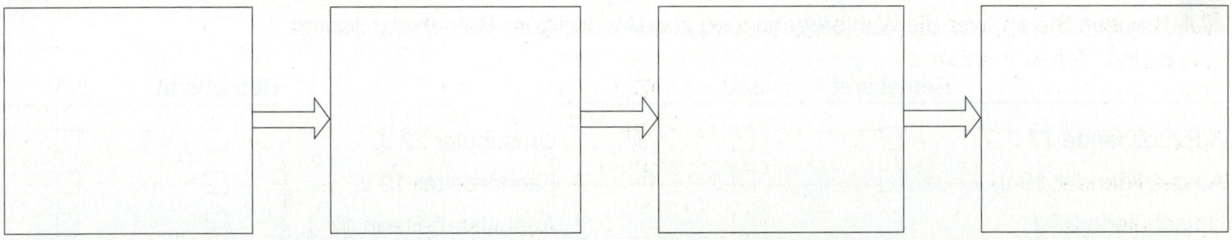

1 Das Betriebsverfassungsgesetz schreibt für die Vorbereitung und die Wahl von Betriebsräten und Jugend- und Auszubildendenvertretungen *(JAV)* die Einhaltung von Formvorschriften und Terminen vor. Bis auf den Kreis der wahlberechtigten und wählbaren Personen sind sie gleich. Entnehmen Sie einem Wahlausschreiben nach Vorlagen der IG Metall wichtige Wahlbestimmungen. Die in Klammern gesetzten *kursiven* Angaben gelten für eine *JAV-Wahl.*

Betriebsadresse
Wahlvorstand ____________________
Ausgehändigt am ____________
Eingezogen am ____________

Wahlausschreiben zur Betriebsratswahl
(zur Wahl der Jugend- und Auszubildendenvertretung)

Die Betriebsratswahl *(JAV-Wahl)* findet am ____________ von ______ bis ______ Uhr in den Räumlichkeiten/Wahllokalen ____________________ statt.

Wahlberechtigt sind nur diejenigen Arbeitnehmer/-innen *(Jugendliche und Auszubildende)*, die in die Wählerliste eingetragen sind.
Die Wählerliste und die Wahlordnungen liegen in (Ort) ____________________ aus.
Das Geschlecht, das in der Belegschaft in der Minderheit ist, muss zahlenmäßig entsprechend vertreten sein, wenn der der Betriebsrat *(die JAV)* aus mehr als drei Mitgliedern besteht.
In unserem Betrieb sind ______ % Arbeitnehmer ______ % Arbeitnehmerinnen (unter 25) beschäftigt.
Der Betriebsrat *(die JAV)* hat aus ______ Mitgliedern zu bestehen.
Gewählt werden können nur ordnungsgemäß vorgeschlagene Arbeitnehmer. Ein Wahlvorschlag muss mindestens von ______ Personen unterzeichnet worden sein (Stützunterschriften). Ein Wahlvorschlag einer im Betrieb vertretenen Gewerkschaft muss von zwei Beauftragten unterzeichnet worden sein (§ 14, Abs. 4 und 5 BetrVG).
Die Wahlvorschläge müssen schriftlich vor Ablauf von zwei Wochen ab diesem Wahlausschreiben beim Wahlvorstand, spätestens bis zum ______ eingereicht werden. Nur fristgerechte Wahlvorschläge werden berücksichtigt.

Formvorschriften	Termine
• ____________	• ____________
____________	____________
• ____________	• ____________
• ____________	• ____________
• ____________	• ____________
• ____________	• ____________

2 Nennen Sie die beiden Grundvoraussetzungen, für die Wahl einer Jugend- und Auszubildendenvertretung:

a) ____________ b) ____________

____

3 Kreuzen Sie an, wer die Wahlberechtigung zur JAV und zum Betriebsrat besitzt.

	Betriebsrat	JAV		Betriebsrat	JAV
Auszubildende 17 J.	☐	☐	Umschüler 22 J.	☐	☐
Auszubildender 19 J.	☐	☐	Facharbeiter 19 J.	☐	☐
Umschülerin 27 J.	☐	☐	Aushilfsarbeiterin 17 J.	☐	☐

S. 46–55 Ausgabe Niedersachen	**Mitbestimmung und Interessenvertretung im Betrieb**	S. 28–37 Ausgabe Sachsen-Anhalt, Brandenburg und Mecklenburg-Vorpommern
Name:	Klasse:	Datum:

1

„Was willst du denn? – Ich lass dich doch!"

Mitbestimmung am Arbeitsplatz

Für Unternehmer hat die Mitbestimmung zwei Seiten. Die Vorteile: Der Betriebsrat hilft z. B. bei Planung und Gestaltung von Arbeitsplätzen und Arbeitszeiten und bei der Qualifizierung der Mitarbeiter. Auch ist das Interesse der Mitarbeiter an ihrem Betrieb größer, wenn sie über den Betriebsrat bei Entscheidungen der Firmenleitung eingebunden und informiert sind. Aber die Mitbestimmung hat auch Nachteile. Sie kostet den Arbeitgeber sehr viel Geld, verursacht Bürokratie und schreckt ausländische Investoren ab – nicht ohne Grund hat kein anderes Land in der Welt das deutsche System der Mitbestimmung übernommen.

Lentz, Martin: Gesamtmetall, Presse- und Öffentlichkeitsarbeit, Köln,13.03.2003, Text eigens für das Arbeitsheft erstellt

a) Formulieren Sie die Sicht des Zeichners zur Mitbestimmung.

____

b) Unterstreichen Sie die wichtigsten Aussagen des Zeitungstextes und fassen Sie diese zusammen.

____

____

____

2 **Die Organe der Betriebsverfassung**

Ordnen Sie die Aussagen und Fakten den jeweiligen Organen zu. Es gibt dabei Mehrfachnennungen.

- Arbeitgeber, Nr. 11,10,5
- Einigungsstelle, Nr. 12
- Wirtschaftsausschuss, Nr. 8
- Betriebsrat, Nr. 2,6,15
- Jugend- und Auszubildendenvertretung, Nr. 1,9,7,2,15
- Betriebs-Verfassungs-gesetz
- Betriebsversammlung, Nr. 3,13,17
- Jugendliche und Auszubildende bis 25 Jahre, Nr. 14,10
- Arbeitnehmer, Nr. 4,9,14,16
- Jugend- und Auszubildendenversammlung, Nr. 18,10

1. Wählbar sind alle Arbeitnehmer, die das 25. Lebensjahr noch nicht vollendet haben.
2. Soll die Einhaltung von Gesetzen überwachen.
3. Soll vierteljährlich stattfinden.
4. Recht auf Erläuterung des Lohns und Beurteilung der Leistung.
5. Hat in wirtschaftlichen Fragen das Entscheidungsrecht.
6. Hat das Recht auf Mitbestimmung in sozialen Fragen.
7. Ein Vertreter kann an allen Betriebsratssitzungen teilnehmen.
8. Wird in Unternehmen mit mehr als 100 Beschäftigten gebildet.
9. Sie haben ein Beschwerderecht.
10. Wählen die Jugend- und Auszubildendenvertretung.
11. Hat Weisungsrecht in Beziehung auf die vereinbarte Leistung.
12. Sie ist paritätisch besetzt, hinzu kommt ein neutraler Vorsitzender.
13. Recht auf Unterrichtung, Anhörung und Mitwirkung in personellen Angelegenheiten und Betriebsänderungen.
14. Recht, beim Betriebsrat bestimmte Maßnahmen zu beantragen.
15. Wird gebildet, wenn mindestens fünf wahlberechtigte Personen beschäftigt sind.
16. Recht auf Einsicht in die eigene Personalakte.
17. Auf ihr muss der Arbeitgeber einmal im Jahr über die wirtschaftliche Situation berichten.
18. Kann vor oder nach jeder Betriebsversammlung einberufen werden.

S. 50–57 Ausgabe Niedersachsen	**Mitbestimmung und Interessenvertretung im Betrieb**	S. 32–39 Ausgabe Sachsen-Anhalt, Brandenburg und Mecklenburg-Vorpommern

1 Untersuchen Sie, ob die folgenden Aussagen zur Mitbestimmung in sozialen Angelegenheiten nach dem Betriebsverfassungsgesetz (BVG) richtig oder falsch sind.

	richtig	falsch
„Unser Chef soll sich mit dem Betriebsrat über den Termin der Lohnzahlung einigen. Kommt keine Einigung zustande, soll der Chef allein entscheiden."		X
„Der Betriebsrat vereinbart mit der Geschäftsleitung, dass die Arbeitszeit in den Sommermonaten auf 6:30 Uhr vorverlegt wird."	X	
„Das Thema ‚Kantine' geht den Betriebsrat an."	X	
„Wenn wir Überstunden machen sollen, muss erst der Betriebsrat zustimmen."	X	
„Der Betriebsrat hat nicht das Recht, auf die Einhaltung der Arbeitsschutzbestimmungen zu achten."		X
„Bei der Aufstellung des betrieblichen Ausbildungsplans bestimmt der Betriebsrat mit."	X	

2 In einer Belegschaft mit Betriebsrat wird über Betriebsvereinbarungen diskutiert. Kreuzen Sie die richtigen Aussagen an.

Achim:	„Damit könnten wir eigentlich unsere betrieblichen Tarifverträge aushandeln."	☐
Monika:	„Betriebsvereinbarungen werden zwischen Gewerkschaften und den Arbeitgebern abgeschlossen."	☐
Maik:	„Auf jeden Fall könnten wir mit unserem Chef geregelte Arbeitszeiten verabreden."	☒
Heike:	„Unser Betriebsrat soll mit dem Chef Arbeitsschutz vereinbaren."	☒
Abdul:	„Falls eines Tages eine Abteilung schließt, könnte ein Sozialplan erstellt werden."	☒
Iris:	„Betriebsvereinbarungen sollten nur für Gewerkschafter gelten."	☐

3 Tragen Sie die Gesetze ein, in denen die jeweiligen Mitbestimmungsrechte der Arbeitnehmer geregelt sind.

für Gesellschaften mit 500 bis 2 000 Beschäftigten:	für Gesellschaften mit mehr als 2 000 Beschäftigten:	für Unternehmen des Bergbaus und der eisen- und stahlerzeugenden Industrie	Eu-Unternehmen ab 1 000 Arbeitnehmern, davon jeweils mindestens 150 in mind. zwei Mitgliedstaaten
Drittelbeteiligungsgesetz	Mitbestimmungsgesetz 1976	Montanmitbestimmungsgesetz	

4 Stellen Sie den Hauptunterschied zwischen der Mitbestimmung nach dem Mitbestimmungsgesetz von 1976 und der Montanmitbestimmung dar.

Zeichner: Bensch   Doppeltes Stimmrecht

S. 164–185 Ausgabe Niedersachen	**Grundlagen des Arbeitsrechts Einzelarbeitsvertrag**	S. 40–61 Ausgabe Sachsen-Anhalt, Brandenburg und Mecklenburg-Vorpommern

Name: Klasse: Datum:

1

Unterstreichen Sie die Gesetze mit einer durchgehenden Linie, die ausschließlich dem Arbeitsrecht zuzuordnen sind. Kennzeichnen Sie mit einer gestrichelten Linie diejenigen Gesetze, in denen arbeitsrechtliche Bestimmungen neben anderen enthalten sind.

Arbeitssicherheitsgesetz, Arbeitsschutzgesetz, Arbeitszeitgesetz, Betriebsverfassungsgesetz, Bürgerliches Gesetzbuch, Bundesbankgesetz, Bundesurlaubsgesetz, Einkommenssteuergesetz, Gewerbeordnung, Grundgesetz, Handelsgesetzbuch, Jugendarbeitsschutzgesetz, Mutterschutzgesetz, Scheckgesetz, Schwarzarbeitsbekämpfungsgesetz, Tarifvertragsgesetz, Wehrpflichtgesetz, Wohngeldgesetz, Zivildienstgesetz

2 Zulässige und unzulässige Fragen des Arbeitgebers bei der Bewerbung:

Zulässig sind u. a. Fragen

- nach **fachlichen Fähigkeiten**, nach Zeugnisnoten und beruflichem Werdegang,
- nach akuten oder längeren **Krankheiten**, aber nur, wenn sie für den künftigen Arbeitseinsatz von Bedeutung sind (z. B. Ansteckungsgefahr bei Medizinischen Fachangestellten),
- nach **Vorstrafen**, aber nur, wenn sie für den Arbeitseinsatz von Bedeutung sind (z. B. Diebstahl bei Geldtransport),
- nach bestehenden **Entgeltpfändungen**,
- nach einer bestehenden **Schwerbehinderung** von über 50 %.

Unzulässig sind u. a. folgende Fragen

- nach **Partei-**, **Gewerkschafts-** oder **Religionszugehörigkeit** (Ausnahme: Tendenzbetriebe, z. B. Gewerkschaftszeitung),
- nach einer bestehenden **Schwangerschaft**,
- nach einer geplanten **Heirat**,
- aus dem **sexualmedizinischen Bereich** (z. B. nach Verhütungsmitteln),
- nach dem bisherigen **Entgelt** (Ausnahme: dieses ist Grundlage für das neue Entgelt),
- nach vorhandenem **Vermögen**.

Zusammengestellt nach: Bundesministerium für Arbeit und Soziales, Übersicht über das Arbeitsrecht/Arbeitsschutzrecht 2009, S. 21 ff.

a) Kreuzen Sie die Fragen an, die bei einem Vorstellungsgespräch zulässig sind und deshalb wahrheitsgemäß beantwortet werden müssen. Falsche Angaben in diesen Punkten wären ein Kündigungsgrund.

b) Kennzeichnen Sie die Fragen mit (x), bei denen Einschränkungen und Ausnahmen gelten. Formulieren Sie diese in Stichworten.

Fragen nach	zulässig	Einschränkungen und Ausnahmen
1. beruflichen Fähigkeiten		
2. Vorstrafen		
3. Gehalts-/Lohnpfändungen		
4. bisherigem Gehalt oder Lohn		
5. absehbarer Eheschließung		
6. Religions-/Parteizugehörigkeit		
7. Gewerkschaftszugehörigkeit		
8. Schwerbehinderteneigenschaft		

Einzelarbeitsvertrag

1 Kreuzen Sie die Bestandteile eines Arbeitsvertrags an, die neben den Mindestangaben eines Arbeitsvertrags laut Nachweisgesetz aus Gründen der Beweissicherung aufgenommen werden sollten.

Übertariflicher Urlaub	☐	Tarifliche Arbeitszeit	☐
Betriebliche Pausenregelung	☐	Übertarifliche Fahrtkostenerstattung	☐
Besondere Kündigungsfristen	☐	Betriebsübliches Weihnachtsgeld	☐
Besondere Vergütungsformen	☐	Dauer der Probezeit	☐
Zeitpunkt der Lohnzahlung	☐	Zeitpunkt von Betriebsferien	☐

2 Mit dem Abschluss eines Arbeitsvertrags übernehmen Arbeitgeber und Arbeitnehmer Rechte und Pflichten, die einander entsprechen. Ergänzen Sie die Übersicht mit den folgenden Begriffen:

~~am vereinbarten Ort~~, ~~Anzeige drohender Schäden~~, ~~Arbeitspflicht~~, ~~Arbeitsschutzmaßnahmen~~, ~~Lohnzahlungspflicht~~, ~~Beschäftigungspflicht~~, ~~Fürsorgepflicht~~, ~~Gleichbehandlungspflicht~~, ~~persönlich~~, ~~keine Rufschädigung~~, ~~Verschwiegenheitspflicht~~, ~~Weisungsgebundenheit~~, ~~Treuepflicht~~, ~~Wettbewerbsverbot~~, ~~in der vereinbarten Dauer~~, ~~Zeugnispflicht~~

Arbeitgeber	Arbeitsvertrag	Arbeitnehmer
Lohnzahlungspflicht • in der vereinbarten Höhe • am vereinbarten Ort • zur vereinbarten Zeit	Hauptpflicht	Arbeitspflicht • vereinbarten Dauer • persönlich • Weisungsgebundenheit
Fürsorgepflicht • Beschäftigungspfl. • Arbeitsschutzmaßnahmen • Gleichbehandlungspflicht • Zeugnispflicht	Nebenpflichten	Treuepflicht • Anzeige drohender Schäden • Wettbewerbsverbot • Verschwiegenheitspf • keine Rufschädigung

3 Friedrich Lehmann meldet für Juli fünf Wochen Urlaub an. Die Betriebsleitung will nur den gesetzlichen Urlaub von 24 Werktagen gewähren. L. macht darauf aufmerksam, dass er nach dem geltenden Tarifvertrag einen jährlichen Urlaubsanspruch von 30 Arbeitstagen habe.

a) Ermitteln Sie die Zahl der Urlaubswochen.

b) Begründen Sie, ob der Urlaubswunsch von L. gerechtfertigt ist.

4 Erläutern Sie das arbeitsrechtliche „Günstigkeitsprinzip" anhand eines Beispiels.

S. 170–173 Ausgabe Niedersachen	Lohn	S. 46–49 Ausgabe Sachsen-Anhalt, Brandenburg und Mecklenburg-Vorpommern
Name:	Klasse:	Datum:

1

a) Beschreiben und interpretieren Sie die Karikatur.

b) Gegen welches arbeitsrechtliche Prinzip wird hier verstoßen?

2 Kreuzen Sie an, ob es sich bei folgenden Lohnformen um Zeitlohn oder Leistungslohn handelt. (Lohn als Oberbegriff für alle Formen des Entgelts)

Lohnform	Zeitlohn	Leistungslohn
Prämienlohn		
Gehalt		
Prämie für langjährige Betriebszugehörigkeit		
Stundenlohn		
Wochenlohn		
Akkordlohn		

3 Ordnen Sie die folgenden Angaben durch Ankreuzen dem Zeit- oder dem Akkordlohn zu.

Angaben	Zeitlohn	Akkordlohn
Errechnet sich aus der Stückzahl und dem Lohnsatz pro Stück.		
Die Fertigungskosten können zuverlässig kalkuliert werden.		
Maschinen und Werkzeuge werden pfleglicher behandelt.		
Errechnet sich aus dem Stundenlohn und der nachgewiesenen Arbeitszeit.		
Wird angewendet, wenn die Leistung nicht oder schwer gemessen werden kann.		

4 Kreuzen Sie an, in welchen Fällen das Gewerbeaufsichtsamt oder die Berufsgenossenschaft die Einhaltung arbeitsrechtlicher Bestimmungen überwacht, und wann Sie selbst für Ihr Recht durch Anmahnung oder Klage beim Arbeitsgericht sorgen müssen.

Fall	staatliche Überwachung	private Initiative
Bei der Lohnabrechnung stimmt der Stundenlohn nicht.		
Ein Schutzgerüst entspricht nicht den technischen Vorschriften.		
Ein Auszubildender muss am Band Akkordarbeiten leisten.		
Irene Klein ist als Chefsekretärin eingestellt worden, muss aber schon seit Wochen einfache Schreibmaschinenarbeiten erledigen.		

S. 174–177 Ausgabe Niedersachen	Beendigung des Arbeitsverhältnisses	S. 50–53 Ausgabe Sachsen-Anhalt, Brandenburg und Mecklenburg-Vorpommern

1 Ein Arbeitsverhältnis kann durch Kündigung beendet werden. Erläutern Sie die beiden unterschiedlichen Kündigungsarten und geben Sie ein Beispiel an.

- Ordentliche Kündigung: sind gesetzliche Kündigungsfristen einzuhalten. Beschäftigungszeiten vor Ende 25. Lj werden nicht angerechnet
- Außerordentliche Kündigung: erfolgt in der Regel fristlos, darf nur erfolgen durch triftigen Grund.

2 Kreuzen Sie die richtigen Aussagen zum Aufhebungsvertrag an.

- ☐ Ein Aufhebungsvertrag kann eine einseitige Kündigung durch den Arbeitgeber ersetzen.
- ☐ Bei einem Aufhebungsvertrag gibt es immer eine Abfindung.
- ☐ Die Höhe der Abfindungen wird in der Regel nach den Jahren der Betriebszugehörigkeit ermittelt.
- ☐ Ein Aufhebungsvertrag, der „grob fahrlässig" in die Arbeitslosigkeit führt, hat eine Sperrfrist des Arbeitslosengeldes zur Folge.
- ☐ Die Abfindung beim Aufhebungsvertrag ist steuerfrei.

3 In einem Betrieb mit 25 Mitarbeitern wird den Facharbeitern Georg Faust (26 Jahre alt, seit einem Jahr im Betrieb) und Toni Müßig (41 Jahre, 9 Jahre im Betrieb) am 12. Juni fristlos gekündigt, Georg Faust wegen einer schweren Prügelei, Toni Müßig nach einer Abmahnung wegen häufiger Bummelei. Am gleichen Tag kündigt die Angestellte Renate Wolf (18 Monate Betriebszugehörigkeit).

a) Überprüfen Sie in den Fällen Georg Faust und Toni Müßig, ob eine fristlose Kündigung gerechtfertigt ist.

Georg Faust: ______

Toni Müßig: ______

b) Untersuchen Sie, ob der Betrieb bei der Kündigung von Toni Müßig die Bestimmungen des Kündigungsschutzgesetzes hätte beachten müssen.

______

c) Welche Kündigungsfristen müssten in allen Fällen bei ordentlichen Kündigungen eingehalten werden und zu welchem Termin kann jeweils gekündigt werden?

Name	Kündigungsfrist	Kündigung zum
Georg Faust		
Toni Müßig		
Renate Wolf		

c) Hätte Renate Wolf bei längerer Betriebszugehörigkeit eine andere Kündigungsfrist?

______

S. 174–177 Ausgabe Niedersachsen	Beendigung des Arbeitsverhältnisses	S. 50–53 Ausgabe Sachsen-Anhalt, Brandenburg und Mecklenburg-Vorpommern
Name:	Klasse:	Datum:

1 Das Arbeitsverhältnis ist mit dem Ablauf der vertraglich vereinbarten Zeit (§ 620(1) BGB) oder mit dem Erreichen der Altersgrenze beendet. Darüber hinaus ist die Kündigung vonseiten des Arbeitgebers bzw. des Arbeitnehmers der wichtigste Beendigungsgrund. Da die Kündigung eine einseitige Maßnahme des Vertragspartners ist (vgl. einseitiges, empfangsbedürftiges Rechtsgeschäft) und zum Verlust des Arbeitsplatzes führt, hat der Gesetzgeber die Kündigungsmöglichkeiten eingeschränkt.

Beurteilen Sie die nachfolgenden Fälle und stellen Sie fest, welche Kündigungsmodalitäten zutreffen.

Fall 1: Eine Arbeitnehmerin will nach Ablauf der Mutterschutzfrist und der Elternzeit auf ihre Arbeitsstelle verzichten. Die Arbeitgeberin kommt diesem Wunsch nach.

____

Fall 2: Eine Friseurin erhält zur Überbrückung des Mutterschutzes einer Kollegin einen Arbeitsvertrag.

____

Fall 3: Die Geschäftsleitung einer Werkzeugfabrik sieht keine andere Möglichkeit mehr, als ihrem 55 Jahre alten, langjährigen Vorarbeiter und Betriebsratsvorsitzenden wegen sittlicher Verfehlungen fristlos zu kündigen. Es ist erwiesen, dass der Vorarbeiter gegenüber weiblichen Beschäftigten „anzügliche Redensarten" geführt habe.

____

____

Fall 4: Bedingt durch einen Konjunktureinbruch, muss in einem Betrieb mit 600 Beschäftigten mehreren Arbeitnehmern gekündigt werden. Für welche Personengruppen besteht ein besonderer Kündigungsschutz?

____

____

Fall 5: Ein ausscheidender Mitarbeiter fordert von seinem Arbeitgeber bei der Beendigung des Arbeitsverhältnisses ein schriftliches Zeugnis. Um welche Punkte muss ein einfaches Arbeitszeugnis erweitert werden, damit es ein qualifiziertes Zeugnis darstellt?

____

____

____

2 Vergleichen Sie die genannten Leistungsbeurteilungen. Welche Notenskala lässt sich daraus ableiten?

Leistungsbeurteilung	Note
Er erledigte übertragene Aufgaben stets zu unserer vollsten Zufriedenheit.	
Er erledigte übertragene Aufgaben stets zu unserer vollen Zufriedenheit.	
Er erledigte übertragene Aufgaben zu unserer vollen Zufriedenheit.	
Er erledigte übertragene Aufgaben zu unserer Zufriedenheit.	
Er erledigte übertragene Aufgaben im Großen und Ganzen zu unserer Zufriedenheit.	
Er hat sich bemüht, übertragene Aufgaben zu unserer Zufriedenheit zu erledigen.	

S. 178–181 Ausgabe Niedersachsen	**Arbeitsschutz**	S. 54–57 Ausgabe Sachsen-Anhalt, Brandenburg und Mecklenburg-Vorpommern

1 Die Arbeitszeitordnung verbietet die Beschäftigung von Frauen, z. B. in Bergwerken oder mit Schwerarbeit. Begründen Sie, warum hier eine Abweichung vom Gleichberechtigungsgrundsatz von Mann und Frau erforderlich ist.

____

____

2 Die Familie erfordert den besonderen Schutz durch die Gemeinschaft. Welches Gesetz aus dem sozialen Arbeitsschutz trägt dieser Forderung besonders Rechnung?

____

Ermitteln Sie die Zeiten des Beschäftigungsverbotes nach dem Mutterschutzgesetz:

vor der Entbindung ____________ Wochen

nach der Entbindung: ____________ Wochen

Nennen Sie drei weitere wesentliche Bestimmungen aus diesem Gesetz.

____

3 Die moderne Arbeitswelt ist durch die Kleinfamilie gekennzeichnet. Erläutern Sie Maßnahmen der Familienförderung, wenn Mütter oder Väter ihr Kind selbst betreuen.

____

____

____

____

____

____

4 Das Arbeitsschutzgesetz verpflichtet im § 1 Arbeitgeber und Beschäftigte „Sicherheit und Gesundheitsschutz (...) bei der Arbeit durch Maßnahmen des Arbeitsschutzes zu sichern und zu verbessern“.
Ermitteln Sie daraus abgeleitete Pflichten von Arbeitgebern und Beschäftigten mit je zwei Beispielen.

Arbeitgeber:	**Beschäftigte**

5 Um einen ausreichenden Arbeitsschutz zu gewähren, sind nicht nur Gesetze und Verordnungen erforderlich, sondern ein verantwortliches Handeln der Beteiligten und Institutionen, die Unfallverhütungsmaßnahmen vorschreiben und überwachen.
Ermitteln Sie Gesetze und Verordnungen, die Gesundheitsschutz und Arbeitssicherheit gewährleisten sollen.

____

____

Nennen Sie überbetriebliche Institutionen zur Überwachung der Arbeitssicherheit.

____

S. 190–197 Ausgabe Niedersachen	**Der Tarifvertrag** **Regelungen von Arbeitsbedingungen**	S. 66–73 Ausgabe Sachsen-Anhalt, Brandenburg und Mecklenburg-Vorpommern
Name:	Klasse:	Datum:

1 Stellen Sie die Auswirkungen von Warnstreiks für die Beteiligten dar. Berücksichtigen Sie, dass bei solchen „Kurzstreiks“ auch Gewerkschaftsmitglieder meistens kein Streikgeld erhalten. – Auswirkungen für:

- Gewerkschaften: rufen häufiger zur Durchsetzung ihrer Forderungen zu Warnstreiks auf, schonen ihre Streikkasse
- Arbeitnehmer: müssen Verdienstausfälle hinnehmen, werden zum Teil „Streikmüde“.
- Betriebe: haben Produktionsausfälle, werden kompromissbereit

2 Tragen Sie in das Ablaufschema drei mögliche Wege zu neuen Tarifverträgen ein.

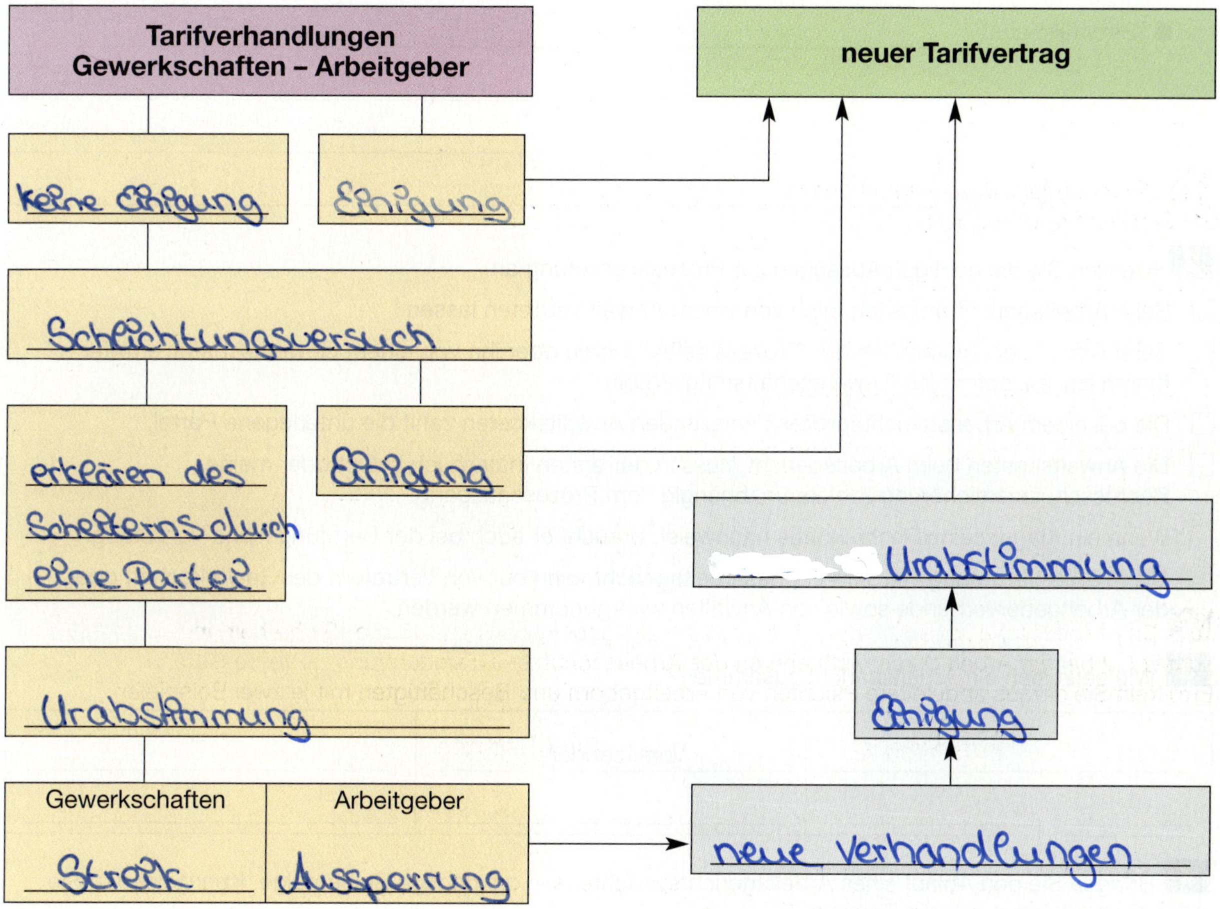

3 Kreuzen Sie die zutreffenden Aussagen zu Auswirkungen der Tarifpolitik an. „4 Kreuze“

- [x] Jeder zusätzliche Urlaubstag entspricht einer Lohnerhöhung von knapp 0,5 %.
- [x] Lohnerhöhungen steigern das Einkommen der Arbeitnehmer.
- [ ] Lohnerhöhungen sollen zu mehr Sparen anregen.
- [ ] Lohnerhöhungen steigern die Kaufkraft aller Haushalte.
- [x] Lohnerhöhungen fördern nur teilweise die Nachfrage nach inländischen Gütern, u. a. weil ein Teil gespart und ein anderer Teil für ausländische Güter ausgegeben wird.
- [x] Lohnerhöhungen belasten den Unternehmer, da sich seine Kosten erhöhen.
- [ ] Die Unternehmer können jede Lohnerhöhung durch entsprechende Preissteigerungen auffangen.

S. 200–202 Ausgabe Niedersachsen	**Arbeitsgerichtsbarkeit**	S. 76–79 Ausgabe Sachsen-Anhalt, Brandenburg und Mecklenburg-Vorpommern

1

Der Fliesenleger Jens Kilian ist bei einer kleinen Firma beschäftigt. Gegen Feierabend verlangt sein Meister, „mit ihm noch mal schnell" zu einer Baustelle zu fahren, um eine kleine Reparatur zu erledigen. Jens verweigert dies mit dem Hinweis, es sei Feierabend. Außerdem habe er in den letzten Monaten 44 Überstunden „geschoben", die bisher weder bezahlt noch durch Freizeit abgegolten worden seien. Der Meister kündigt fristlos, als Jens bei seiner Weigerung bleibt. Daraufhin geht Jens zur Gewerkschaft, um Rat zu suchen. Diese rät ihm zur Klage.

a) Jens möchte nun klagen. Nennen Sie Art, Frist und Form dieser Klage.

- Art der Klage: ____________________ • Frist: ____________________
- Form der Klage: ____________________

____

b) Zählen Sie die Rechtsbereiche auf, für die Arbeitsgerichte zuständig sind. Unterstreichen Sie den Bereich, der für Jens zutrifft.

- Streitfälle aus: ____________________

____

____

____

2 Kreuzen Sie die richtigen Aussagen zur Prozessvertretung an.

- ☐ Beim Arbeitsgericht muss ich mich von einem Anwalt vertreten lassen.
- ☐ Beim Arbeitsgericht kann ich den Prozess selbst führen oder ihn von einem Gewerkschaftsvertreter führen lassen, sofern ich Gewerkschaftsmitglied bin.
- ☐ Die bei einem Arbeitsgerichtsprozess anfallenden Anwaltskosten zahlt die unterlegene Partei.
- ☐ Die Anwaltskosten beim Arbeitsgericht muss in der ersten Instanz ich selbst oder meine Rechtsschutzversicherung zahlen, unabhängig vom Prozessausgang.
- ☐ Wenn ein Kläger seine Rechtskunde nachweist, braucht er auch bei der Berufung keine Vertretung.
- ☐ Die Prozessvertretung vor dem Landesarbeitsgericht kann nur von Vertretern der Gewerkschaft oder der Arbeitgeberverbände sowie von Anwälten wahrgenommen werden.

3 Wie setzt sich ein Arbeitsgericht zusammen?

____________	Vorsitzender	____________
____________	____________	____________

4 Bringen Sie den Ablauf eines Arbeitsgerichtsverfahrens in die richtige Reihenfolge. Kennzeichnen Sie diese Reihenfolge durch die Ziffern 1–6.

Beweisaufnahme durch Zeugen oder Auswertung schriftlicher Unterlagen	______
Verkündung und Begründung des Urteils	______
Verhandlung vor der Kammer des Arbeitsgerichts	______
Erörterung des Streitgegenstandes durch den Vorsitzenden mit den Parteien	______
Scheitern der Güteverhandlung	______
Güteverhandlung vor einer möglichen streitigen Verhandlung	______

Name: Klasse: Datum:

1 Ergänzen Sie das folgende Schema, indem Sie sich selbst Gruppen und Rollen zuordnen.

Ihre Gruppen- und Rollenzugehörigkeit

→ Primärgruppe ______________________

____

→ Sekundärgruppe ______________________

____

→ Politische Großgruppe ______________________

____

2 Wählen Sie aus den Gruppen von Aufgabe 1 je eine heraus und beschreiben Sie die Rollenerwartungen, die an Sie jeweils gestellt werden. Notieren Sie auch mögliche Sanktionen bei Nichterfüllung der Rollenerwartung.

Ausgewählte **Primärgruppe:** ______________________

Rollenerwartungen: ______________________

____

Mögliche Sanktionen bei Nichterfüllung der Rollenerwartung:

____

____

Ausgewählte **Sekundärgruppe:** ______________________

Rollenerwartungen: ______________________

____

Mögliche Sanktionen bei Nichterfüllung der Rollenerwartung:

____

____

Ausgewählte **politische Großgruppe:** ______________________

Rollenerwartungen: ______________________

____

Mögliche Sanktionen bei Nichterfüllung der Rollenerwartung:

____

____

____

S. 60–69 Ausgabe Niedersachsen	**Wertewandel**	S. 82–83 Ausgabe Sachsen-Anhalt, Brandenburg und Mecklenburg-Vorpommern

1 In der folgenden Aufgabe sind Wertvorstellungen einer Gesellschaft und Faktoren, die ihre Einhaltung hemmen, aufgelistet. Ordnen Sie die Wertvorstellungen der Wichtigkeit nach. Das Ihrer Meinung nach wichtigste Ziel schreiben Sie an erster Stelle. Stellen Sie den jeweiligen Wertvorstellungen passende Hemmnisse bei der Einhaltung gegenüber.

Wertvorstellungen in unserer Gesellschaft

Solidarität, Kompromissbereitschaft, Bescheidenheit, Pflichtbewusstsein, Treue, Hilfsbereitschaft, Rücksichtnahme, Zurückhaltung, Toleranz, Engagement, Fleiß, Höflichkeit, Ehrlichkeit, Geduld, Mut, Zivilcourage.

Hemmnisse bei der Einhaltung der Werte

Eigeninteresse, Egoismus, Konsumorientierung, Spaßorientierung, Machtstreben, Darstellungssucht, Gleichgültigkeit, Selbstverwirklichung, Ignoranz, Ichbezogenheit, Ellenbogenmentalität, Erfolgs- und Machtstreben, Überheblichkeit, Ignoranz, Unverständnis, Borniertheit, Individualisierung, Lust als Lebensziel, gutes und angenehmes Leben als Ziel, Faulheit, Bequemlichkeit, schlechte Vorbilder, Selbstbehauptung, Zeitdruck, Unverständnis, Angst, Feigheit, Anpassung, Karrierestreben, mangelnder Mut zur Ehrlichkeit.

Wertvorstellungen	Hemmnisse bei der Einhaltung
1	
2	
3	
4	
5	
6	
7	
8	
9	
10	
11	
12	
13	
14	
15	
16	

Name: Klasse: Datum:

1 Unterstreichen Sie im Text Vereinbarungen, die Ihrer Meinung nach dem Sinn des Bürgerlichen Gesetzbuches entsprechen.

Und sonntags ist Familienrat

Ergebnisprotokoll der Besprechung vom 15. Januar 20..

Teilnehmer: Irmgard Moser-Kentemich, 40, Hanne Kentemich, 19, Paul Kentemich, 17, Christian Moser, 16, Benjamin Moser, 14, Willi Moser, 46 (Protokollant und Alterspräsident)

Besprechungspunkte:

1. **Fernsehen und Video**
   Alle sind sich darin einig, dass das Fernsehen nicht übertrieben werden sollte. Jedes Familienmitglied streicht im Programm höchstens acht Wunschsendungen pro Woche an. Irmgard und Willi stellen dann ein „Familienprogramm" zusammen. „Sendeschluss" ist 22 Uhr, an Abenden vor arbeits- bzw. schulfreien Tagen 24 Uhr. Ausnahmegenehmigungen werden von Irmgard und Willi erteilt.
2. **Beitrag zur Haushaltskasse**
   Paul ist verpflichtet, von seiner Ausbildungsvergütung monatlich 50 € abzugeben; für Hanne beträgt der monatliche „Haushaltsbeitrag" 150 €. Beide erhalten dafür Unterkunft und Verpflegung.
3. **Küchendienst**
   Die drei Jungen haben abwechselnd jeweils eine Woche lang Küchendienst. Dazu gehören Decken und Abdecken des Tisches sowie der Getränkeservice. Der jeweilige Küchendienstler hat das Recht, gemeinsam mit Irmgard das jeweilige Sonntagsessen festzulegen. Hanne ist vom normalen Küchendienst befreit. Sie ist jedoch für das Abendessen am Dienstag und für das Sonntagsfrühstück verantwortlich. Ansonsten hilft sie Irmgard bei Küchenaufgaben je nach Bedarf.
4. **Hausarbeit**
   Jedes der vier Kinder ist für Ordnung und Sauberkeit in seinem Zimmer verantwortlich. Mindestens einmal pro Woche ist eine gründliche Reinigung durchzuführen. Hanne und Paul sind außerdem für Bad und Toilette zuständig; Christian und Benjamin sind verpflichtet, Irmgard und Willi bei der übrigen Haus- und Gartenarbeit zu helfen.
   Sonderaufgaben wie beispielsweise Großputz, Autowäsche, Renovierungs- und Reparaturarbeiten werden nach einem gesonderten Tarif vergütet.
5. **Regeln für das Essen**
   Gute Tischsitten sind selbstverständlich, notwendige gegenseitige Ermahnungen erfolgen in einem freundlichen Ton.
   Wer an einer Mahlzeit nicht teilnehmen kann, muss sich vorher bei Irmgard abmelden und entsprechende Regelungen vereinbaren.
6. **Taschengeld**
   Das Taschengeld wird für Benjamin auf 25, für Christian auf 40 € pro Monat festgesetzt. Vom Taschengeld zu zahlen sind alle privaten Vergnügungen, nicht zu bezahlen sind Kosten, die in Zusammenhang mit der Schule entstehen.

Bundeszentrale für politische Bildung (Hg.), PZ 52/88, S. 7

Bürgerliches Gesetzbuch

§ 1618a
Eltern und Kinder sind einander Beistand und Rücksicht schuldig.

§ 1619
Das Kind ist, solange es dem elterlichen Hausstand angehört und von den Eltern erzogen oder unterhalten wird, verpflichtet, in einer seinen Kräften und seiner Lebensstellung entsprechenden Weise den Eltern in ihrem Hauswesen und Geschäft Dienste zu leisten.

§ 1626
(1) Der Vater und die Mutter haben das Recht und die Pflicht, für das minderjährige Kind zu sorgen. Die elterliche Sorge umfasst die Sorge für die Person des Kindes (Personensorge) und das Vermögen des Kindes (Vermögenssorge).
(2) Bei der Pflege und Erziehung berücksichtigen die Eltern die wachsende Fähigkeit und das wachsende Bedürfnis des Kindes zu selbstständigem verantwortungsbewusstem Handeln. Sie besprechen mit dem Kind, soweit es nach dessen Entwicklungsstand angezeigt ist, Fragen der elterlichen Sorge und streben Einvernehmen an.

2 Schreiben Sie stichpunktartig solche Dinge auf, die Ihrer Meinung nach in einer Familie mit Kindern unbedingt klar geregelt werden sollten.

Lebenskonzepte

1 Geben Sie Beispiele, wie der Staat heute im Unterschied zur Zeit vor der Industrialisierung in die Aufgaben der Familie eingreift.

Früher hatte die Familie weitreichende Aufgaben selbst zu erfüllen:	**Heute** übernimmt der Staat einen Teil dieser Aufgaben, z. B. durch:
Sicherstellung des Lebensunterhaltes der Familienmitglieder	
Versorgung, Erziehung und Ausbildung der Kinder	
Gesundheitsvorsorge	
Pflege der kranken, alten und gebrechlichen Familienmitglieder	
Schutz vor äußerer Bedrohung	

2 Führen Sie die folgende Umfrage in Ihrer Klasse durch. Rechnen Sie die Ergebnisse in Prozentwerte um und tragen Sie diese in die Tabelle ein.

Vergleichen Sie die Ergebnisse mit denen des Instituts für Demoskopie. Bereiten Sie dazu Ihre mündliche Stellungnahme vor. Halten Sie das Ergebnis der Klassendiskussion in Stichpunkten fest.

Aus einer Umfrage des Instituts für Demoskopie, Allensbach:

In welchen Bereichen haben Sie und Ihre Eltern ähnliche Ansichten (Angaben in %)?			
	Klassenergebnis	Europa	Bundesrepublik Deutschland
Moralvorstellungen	________	63	49
Einstellung zur Religion	________	56	47
Einstellung gegenüber anderen Menschen	________	55	44
Politische Ansichten	________	36	28
Einstellung zur Sexualität	________	23	13

Ergebnis der Diskussion: ________________

____

____

3 Welcher der drei Aussagen zum Verhältnis zwischen Erwachsenen und Kindern würden Sie am ehesten zustimmen? Begründen Sie Ihre Meinung.

Erziehung ist organisierte Verteidigung der Erwachsenen gegen die Jugend.
Mark Twain

Du sollst deine Kinder durch deine Freunde erziehen lassen.
Friedrich Nietzsche

Wer sich an seine Kindheit nicht mehr deutlich erinnert, ist ein schlechter Erzieher.
Marie v. Ebner-Eschenbach

____

____

____

Name: Klasse: Datum:

1 Beschreiben Sie mithilfe der folgenden Daten wesentliche Veränderungen zwischen 1950 und 2007.

Daten zum Wandel der deutschen Gesellschaft

Merkmal	1950	2007
Singlehaushalte	ca. 3 Millionen	ca. 16,5 Millionen
Zahl der Eheschließungen pro Jahr	506.199	365.922
Zahl der Scheidungen pro Jahr	80.133	187.072 (2008)
Zahl der Geburten pro Jahr	832.803	683.000 (2008)
Durchschnittsalter der Mütter beim ersten Kind	ca. 25 Jahre	ca. 26 Jahre
Wohnfläche pro Kopf	ca. 14 qm	ca. 42 qm

2 Ergänzen Sie die Tabelle zu den rechtlichen Bestimmungen des Bürgerlichen Gesetzbuches über Ehe und Familie.

BGB	1900	1957	heute
Elterliche Gewalt § 1627	allein der Vater	im gegenseitigen Einvernehmen	
Namensrecht § 1355	Ehe- und Familienname ist der Name des Mannes	Frau kann ihren Mädchennamen hinzufügen	
Haushaltsführung/ Erwerbstätigkeit §§ 1356 und 1357	Frau führt den Haushalt, Mithilfe im Geschäft des Mannes, „Schlüsselgewalt" der Frau	wie 1900, Möglichkeit zur Erwerbstätigkeit	
Güterrecht § 1363	Vermögen fällt an den Mann	Zugewinngemeinschaft oder Ehevertrag	

3 Lesen Sie die rechtlichen Bestimmungen zur Ehescheidung. Beantworten Sie dann die folgenden Fragen.

Bürgerliches Gesetzbuch in der Fassung vom 28.09.2009

§ 1565 1. Eine Ehe kann geschieden werden, wenn sie gescheitert ist. Die Ehe ist gescheitert, wenn die Lebensgemeinschaft der Ehegatten nicht mehr besteht und nicht erwartet werden kann, dass die Ehegatten sie wiederherstellen ...

§ 1566 1. Es wird unwiderlegbar vermutet, dass die Ehe gescheitert ist, wenn die Ehegatten seit einem Jahr getrennt leben und beide Ehegatten die Scheidung beantragen oder der Antragsgegner der Scheidung zustimmt.

2. Es wird unwiderlegbar vermutet, dass die Ehe gescheitert ist, wenn die Ehegatten seit drei Jahren getrennt leben.

§ 1567 1. Die Ehegatten leben getrennt, wenn zwischen ihnen keine häusliche Gemeinschaft besteht und ein Ehegatte sie erkennbar nicht herstellen will, weil er die eheliche Lebensgemeinschaft ablehnt. Die häusliche Gemeinschaft besteht auch dann nicht mehr, wenn die Ehegatten innerhalb der ehelichen Wohnung getrennt leben.

a) Unter welchen Voraussetzungen kann eine Ehe geschieden werden?

b) Wann wird vermutet, dass eine Ehe gescheitert ist?

Lebenskonzepte

1 Ergänzen Sie die unten stehende Tabelle.

a) Welcher gesetzlichen Regelung unterliegen Ehepartner hinsichtlich ihres Vermögens nach dem Bürgerlichen Gesetzbuch (BGB)?

b) Welche vertraglichen Regelungen können Ehepartner hinsichtlich ihres Vermögens vereinbaren?

c) Nennen Sie wesentliche Merkmale der unterschiedlichen Formen des ehelichen Güterrechts.

	Bezeichnung	Wesentliche Merkmale
Gesetzliches Güterrecht		
Vertraglich vereinbartes Güterrecht		

2 Berechnen Sie den Zugewinn und die Ausgleichsforderung in folgendem Beispiel.

	Mann	Frau
Anfangsvermögen	40.000,– €	20.000,– €
Endvermögen	160.000,– €	30.000,– €
Zugewinn		
Ausgleichsforderung		

3 Wer ist nach dem BGB zur gegenseitigen Unterhaltsleistung verpflichtet?

4 Welche Kennzeichen sind typisch für Ehen bzw. nicht eheliche Lebensgemeinschaften?

Ehen	Nicht eheliche Lebensgemeinschaften

S. 94–101 Ausgabe Niedersachen	Freizeit	S. 96–101 Ausgabe Sachsen-Anhalt, Brandenburg und Mecklenburg-Vorpommern
Name:	Klasse:	Datum:

1 a) Fassen Sie den folgenden Artikel mit eigenen Worten zusammen.

Der Nutzen der Freizeit

Auf einen meist unterbelichteten Aspekt hat der US-Wissenschaftler Olivier Blanchard hingewiesen. Er erinnerte daran, dass freie Zeit ihren Wert hat – Ökonomen würden „Nutzen" sagen. Seiner Analyse zufolge dürfen sich die US-Amerikaner zwar über mehr wirtschaftlichen Wohlstand freuen als die Europäer. Doch dafür zahlen sie einen hohen Preis: Sie verzichten auf selbstbestimmte, auf freie Zeit.
Der überwiegende Teil des Wohlstandsgefälles zwischen den Vereinigten Staaten und den Euro-Ländern geht laut Blanchard auf eine bewusste Entscheidung der Deutschen, Italiener oder Franzosen zurück: Sie haben ihren Urlaub verlängert und die Wochenarbeitszeiten verkürzt, weil ihnen mit wachsendem Wohlstand die Stunden zu Hause oder im Sportverein wichtiger wurden als mehr Geld für Geländewagen oder Anzüge.

Sievers, Markus: Deutschland – (k)ein Freizeitvolk, Zugriff am 18.11.2009 unter http://www1.bpb.de/themen/0B7VJ7,0,Deutschland_(K)ein_Freizeitvolk.html

b) Schreiben Sie auf, welche Bedeutung Freizeit für Sie hat.

2 Notieren Sie, wie sich Ihre Woche aufteilt. Ermitteln Sie die Anteile an Arbeits-, Schulzeit, gebundener Freizeit oder echter Freizeit. Vergleichen Sie Ihre Ergebnisse in der Klasse.

Angaben zur eigenen Situation

	Arbeits-, Schulzeit	Gebundene Freizeit	Echte Freizeit
Montag			
Dienstag			
Mittwoch			
Donnerstag			
Freitag			
Samstag			
Sonntag			
Summe			

3 Welche Freizeitmöglichkeiten sollten an Ihrem Wohnort geschaffen bzw. verbessert werden? Kreuzen Sie an und ergänzen Sie.

- ☐ Freibad
- ☐ Hallenbad
- ☐ Sportplatz
- ☐ Internet-Café
- ☐ Jugendzentrum
- ☐ Kino
- ☐ Sportverein
- ☐ Museum
- ☐ Theater
- ☐ Diskothek
- ☐ Volkshochschule
- ☐ andere

S. 94–101 Ausgabe Niedersachen	Freizeitgefahren	S. 96–101 Ausgabe Sachsen-Anhalt, Brandenburg und Mecklenburg-Vorpommern

1 In welcher Reihenfolge könnten die folgenden Alarmsignale geordnet werden, die auf eine Sucht hinweisen? Nummerieren Sie diese entsprechend durch. Bereiten Sie eine mündliche Begründung für Ihre Wahl vor.

DIE WICHTIGSTEN ALARMSIGNALE

- ☐ Sie brauchen eine bestimmte Menge des Suchtmittels, um sich wohlzufühlen oder mit Belastungen fertig zu werden.
- ☐ Sie fühlen sich außerstande, aus eigenem Antrieb mit dem Konsum aufzuhören.
- ☐ Sie finden immer neue Möglichkeiten, unbemerkt an Suchtmittel heranzukommen.
- ☐ Sie leiden körperlich und seelisch, sobald Ihnen das Suchtmittel ausgeht oder Sie freiwillig darauf verzichten.
- ☐ Sie behaupten gegenüber anderen, weniger Suchtmittel zu konsumieren, als dies tatsächlich der Fall ist, und belügen sich auch selbst.
- ☐ Sie achten darauf, dass Sie immer einen Vorrat des Suchtmittels zur Verfügung haben.

2 a) Kreisen Sie die Aussagen ein, denen Sie im Zusammenhang mit Drogen zustimmen können.

Lernen, dass es ein Leben ohne Probleme nicht gibt. Lernen, etwas auszuhalten – das ist das Schwerste.

Allein sind Sie überfordert, lassen Sie sich beraten.

Mal sind sie die Grössten, mal winzig klein.

Abhängige lügen und betrügen, weil sie nicht anders können.

Sucht ist keine Charakterschwäche, Sucht ist eine Krankheit.

Hinter jeder Sucht steckt eine Sehnsucht.

Zuschütten, wegtauchen, nicht mehr denken – nur noch saufen, fressen, sich erbrechen.

b) Begründen Sie an einer Aussage Ihre Zustimmung oder Ablehnung. Vergleichen Sie Ihre Aussage mit anderen Meinungen in der Klasse.

___

___

___

3 Die folgenden Bilder zeigen Stationen, die Drogenabhängige vielfach durchlaufen. Geben Sie jedem Bild einen Titel. Bringen Sie die Bilder in eine Ihrer Meinung nach richtige Reihenfolge. Vergleichen Sie die Ergebnisse in der Klasse. Diskutieren Sie Ihre unterschiedlichen Auffassungen.

○ 

○ 

○ 

○ 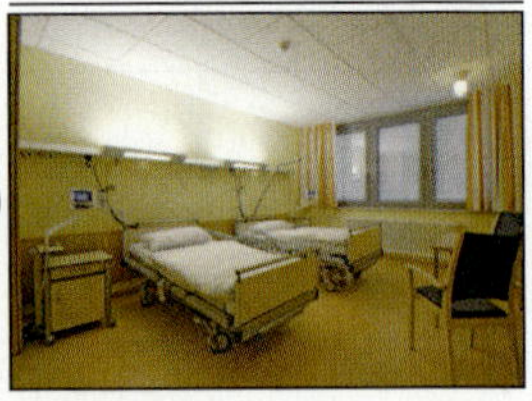

○ 

○ 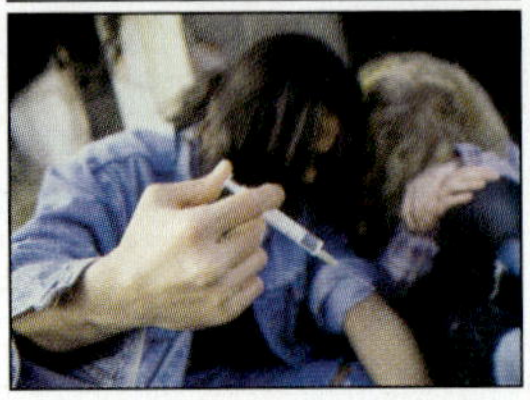

○ 

Jugend und Recht

Name: Klasse: Datum:

1 a) Ordnen Sie den folgenden Fällen den passenden Überschriften-Buchstaben zu.

a Eigentumskriminalität
b Gewaltkriminalität
c Bandenkriminalität
d Rauschgiftkriminalität

☐ „Der 16-jährige Rolf wird beim Kaufhausdiebstahl erwischt. Beim Verhör durch den Kaufhausdetektiv meint er, dass die großen Kaufhäuser und Selbstbedienungsläden mit ihrem übergroßen Warenangebot zum dauernden Konsum und damit eben auch zur bargeldlosen ‚Selbstbedienung' verführen. Zusätzlich werde man durch Radio und Fernsehen ständig mit Werbung berieselt. Da könne es gar nicht ausbleiben, dass man sich kostenlos bediene."

☐ „Drei Jungen und drei Mädchen im Alter zwischen 14 und 17 Jahren haben sich im November zu einer Gruppe zusammengeschlossen. Auf dem Heimweg von einem Besuch im Haus der Jugend überfielen sie mehrere etwa gleichaltrige Jugendliche grundlos und schlugen sie zusammen. Außerdem begingen sie zum Nachteil eines französischen Staatsangehörigen eine räuberische Erpressung. Die Jugendlichen standen unter Alkoholeinfluss."

☐ „Anfang Dezember hat ein 15-jähriger Schüler mit einem langen Küchenmesser mehrmals auf seinen Vater eingestochen, der schlafend auf einem Stuhl im Flur saß. Das Motiv für die Tat liegt in der familiären Situation. Der Junge sagte, er habe den Vater töten wollen, weil dieser Alkoholiker sei, ständig die Familie tyrannisiere und schlage."

☐ „Mit 15 bin ich abgehauen von zu Hause. Mein Alter terrorisierte die ganze Familie. Anständige Haue, keine Popmusik – arbeiten und was werden sollte ich. Dann bin ich durch Frankreich getrampt. In Marseille habe ich zum ersten Mal Haschisch probiert. Allmählich dann auch stärkere Sachen: Preludin, LSD, Opium. Von irgendwas musste ich ja leben – also habe ich gedealt (Verkauf von Rauschgift). Wurde natürlich nach ein paar Monaten erwischt. Bin ziemlich billig weggekommen. Gelernt habe ich nichts – also ging's weiter mit Stoffhandel. Zuletzt war ich freiwillig auf Entzug, ich wollte aufhören. Die neue Chance, das heißt Arbeit, gibt mir keiner. Entziehungsanstalt – das ist wie Knast."

b) Unterstreichen Sie die im Text genannten Ursachen der Straftaten.

c) Durch welche Maßnahmen hätte die Jugendkriminalität in den vier geschilderten Fällen wahrscheinlich verringert werden können?

- __________
- __________
- __________

d) Unter welchen Voraussetzungen ist ein Jugendlicher strafrechtlich verantwortlich?

____

2 a) Unterstreichen Sie die wichtigsten Aussagen des folgenden Artikels.

Schwarz-Gelb will härter gegen junge Kriminelle vorgehen

Die Unterhändler von Union und FDP haben sich auf höhere Jugendstrafen bei Kapitalverbrechen geeinigt. Zudem soll ein Warnschussarrest für junge Straftäter kommen.
Die Unterhändler beider künftigen Regierungspartner einigten sich auf höhere Strafen bei Kapitalverbrechen sowie auf die Einführung eines sogenannten „Warnschussarrestes". Damit können Jugendrichter auch bei einer Bewährungsstrafe die Verurteilten zusätzlich für kurze Zeit in den Jugendarrest schicken. Mit diesen Plänen reagieren Union und FDP auch auf den Mord in einer Münchner S-Bahn Mitte September an einem 50-Jährigen, der Kinder gegen Angriffe von Jugendlichen geschützt hatte.

Zeit Online, Zugriff am 19.11.2009 unter http://www.zeit.de/politik/deutschland/2009-10/koalition-jugendkriminalitaet

b) Nehmen Sie Stellung zum Artikel im Hinblick auf das Ziel des Jugendstrafrechts, für Erziehung und Besserung von Jugendlichen zu sorgen.

____

____

____

____

S. 112–133 Ausgabe Niedersachen	Wirtschaftliche Grundbegriffe	S. 104–111 Ausgabe Sachsen-Anhalt, Brandenburg und Mecklenburg-Vorpommern

1 Nehmen Sie Stellung zu der Aussage: „Wirtschaft ist nicht alles, aber ohne Wirtschaft ist alles nichts."

____

____

2 Setzen Sie folgende Begriffe an die richtige Stelle:

Güter-und Dienstleistungsangebot
Nachfrage
Bedarf
Kaufkraft
Kaufentscheidung

Vom Bedürfnis zur Nachfrage

Befürfnis + ______ → ______ + ______

= ______ → **Markt** ← ______

3 Ergänzen Sie die folgende Übersicht mit passenden Beispielen.

Wirtschaftliche Güter

- **Materielle Güter (Sachgüter)**
  - **Produktionssgüter**
    - **Gebrauchsgüter** ______
    - **Verbrauchsgüter** ______
  - **Konsumgüter**
    - **Konsumgüter** ______
    - **Verbrauchsgüter** ______
- **Immaterielle Güter**
  - **Dienstleistungen**
    - **Produktionsgüter** ______
    - **Konsumgüter** ______
  - **Rechte**
    - **Produktionsgüter** ______
    - **Konsumgüter** ______

3 Das ökonomische Prinzip ist Ziel wirtschaftlichen Handelns. Kreuzen Sie die richtigen Aussagen an.

Alle Menschen erhalten das Notwendigste für den Lebensunterhalt.	
Man soll so viele Güter wie möglich produzieren.	
Alle Güter und Dienstleistungen sollen so teuer wie möglich verkauft werden.	
Mit dem Monatseinkommen sollen möglichst viele Bedürfnisse befriedigt werden.	
Die Produktion von Gütern und Dienstleistungen soll von Jahr zu Jahr gesteigert werden.	
Güter und Dienstleistungen sollen mit geringstem Aufwand an Mitteln erbracht werden.	

Wirtschaftliche Grundbegriffe

Name: Klasse: Datum:

1 Im Folgenden finden Sie eine Liste von Begriffen und Erklärungen, die Sie richtig zuordnen sollen. Schreiben Sie zusammen, was Ihrer Meinung nach zusammenpasst.

Arbeit, Produktionsmittel, Kapital, Grundbesitz, Produktionsfaktoren, Lohn, Vermögenseinkommen, Geldvermögen, Kindergeld, Streik, Markt, Sparfähigkeit, Arbeitsvermögen, Kosumsparen, kollektive Vermögensbildung

1. Wohnungen und Häuser
2. Maschinen und Werkzeuge
3. Arbeit, Boden, Kapital
4. Geschaffenes Produktionsmittel
5. Dient der Lebenserhaltung
6. Arbeitseinkommen
7. Einkommen aus Besitz
8. Angebot und Nachfrage
9. Arbeitskampf
10. Einkommen und Bedarf
11. Einkommensausgleich
12. Sparen für die Urlaubsreise
13. Bessere Ausbildung
14. Sparbuch
15. Individuelle Vermögensbildung

2 Markieren Sie die wichtigsten Aussagen des folgenden Textes und beurteilen Sie, ob der Text Ihrer Meinung nach ein realistisches Ziel unserer Gesellschaft beschreibt oder reine Utopie bleibt.

Im Jahre 1623 beschreibt der Dominikanermönch Campanella in seiner utopischen Schrift „La Città del Sole“ (dt. „der Sonnenstaat“) eine Welt, die im 21. Jahrhundert Realität werden könnte:

> „... auf den Einzelnen kommen kaum mehr als vier Stunden Arbeit am Tage. Die übrige Zeit kann jeder nach seinem Belieben mit angenehmen Studien, mit Disputieren, Lesen, Erzählen, Schreiben, Spazieren gehen oder mit geistigen und körperlichen Übungen zubringen.“ Ergänzt wird dies durch eine „kommunitarische“ Eigentums- und Verteilungsordnung: „Alles ist Gemeingut, die Verteilung aber ist Sache der Obrigkeit; denn wenn es kein Eigentum mehr gibt, so bleibt in uns einzig die Liebe zum Gemeinwesen zurück. Die öffentlichen Dienste und Arbeiten sind unter alle verteilt.“

Zit. nach Wilke, Gerhard: Die Zukunft unserer Arbeit, Frankfurt/Main, Campus Verlag 1999, S. 300

Privatrechtliche Verträge

1

Amtsgericht Magdeburg Handelsregister
Für die in ( ) gesetzte Angabe des Geschäftszweiges und der Anschrift keine Gewähr
Neueintragungen

HRB 7856 24. Februar 2009

Röstfein Kaffee GmbH, Magdeburg (Hafenstr. 9). Durch Beschluss der Gesellschafterversammlung vom 1. Dezember 1999 ist das Stammkapital nach Maßgabe des BilanzG auf 400.000 € festgesetzt: Der Gesellschaftsvertrag ist insgesamt geändert und neu gefasst, insbesondere in den jetzigen § 3 (Gegenstand des Unternehmens), § 4 (Stammkapital) und § 5 (Geschäftsführung und Vertretung)... Den Geschäftsführern kann Einzelvertretungsbefugnis und Befreiung von den Beschränkungen des § 181 BGB erteilt werden. Neuer Gegenstand: die Produktion und der Vertrieb von Röstkaffee...

a) In dem Auszug aus dem Handelsregister werden verschiedene Arten von Personen oder Rechtssubjekten angesprochen.

____

____

b) Um welche Art von Rechtssubjekt handelt es sich bei der GmbH?

____

c) Machen Sie deutlich, warum die GmbH ein Organ braucht, um handeln zu können. Nennen Sie dieses Organ.

____

____

____

____

2 Geben Sie jeweils drei Beispiele für natürliche und juristische Personen.

Natürliche Personen	Juristische Personen

3 Ergänzen Sie die Übersicht durch folgende Begriffe:
Geschäftsfähigkeit, beschränkte Geschäftsfähigkeit, Deliktsfähigkeit, unbeschränkte Geschäftsfähigkeit, Handlungsfähigkeit, Geschäftsunfähigkeit.

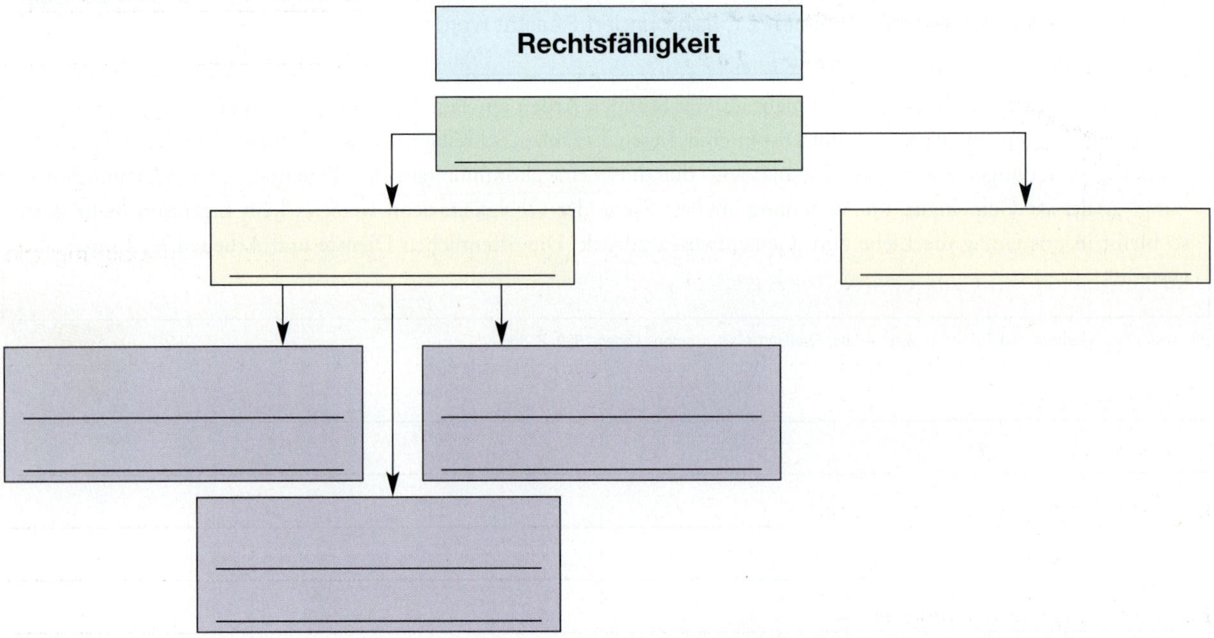

S. 203 Ausgabe Niedersachen	**Privatrechtliche Verträge**	S. 116–119 Ausgabe Sachsen-Anhalt, Brandenburg und Mecklenburg-Vorpommern
Name:	Klasse:	Datum:

1 Erklären Sie den Begriff „Rechtsfähigkeit“ und geben Sie Beispiele an.

2 Wann beginnt und endet die Rechtsfähigkeit bei natürlichen, wann bei juristischen Personen?

	Beginn	Ende
Natürliche Personen	•	•
Juristische Personen	• •	• •

3

Testament

Als meine Erben setze ich je zur Hälfte meinen Sohn Jürgen und meine Tochter Tanja ein. Bei der Auseinandersetzung soll Jürgen das Einfamilienhausgrundstück erhalten und Gisela die Wertpapiere, die Sparbücher und meinen Schmuck. Als Vermächtnis erhält mein Neffe Alexander die goldene Sprungdeckeluhr.

Altenhausen, den 13. Oktober 2009

Albrecht Altmann

a) Um welche Art des Rechtsgeschäfts handelt es sich beim Testament?

einseitiges Rechtsgeschäft

b) Geben Sie drei weitere Beispiele für diese Art Rechtsgeschäfte an.

- Kündigung
- Auslobung (Findlohn)
- Mahnung

4 Geben Sie an, ob für die folgenden Rechtsgeschäfte die **Schriftform**, die **öffentliche Beglaubigung,** die **öffentliche Beurkundung** oder **keine Form** vorgeschrieben ist.

Rechtsgeschäft	Formvorschrift
Teilzahlungskauf	Schriftform
Grundstückskauf	Notarielle Beurkundung
Mietvertrag bis zu einem Jahr Dauer	Keine Form
Autokauf	Keine Form
Eintragung ins Handelsregister	Notarielle Beglaubigung

S. 203 Ausgabe Niedersachen	Privatrechtliche Verträge	S. 116–120 Ausgabe Sachsen-Anhalt, Brandenburg und Mecklenburg-Vorpommern

1 a) Überprüfen Sie, ob die folgenden Verträge gültig, nichtig oder anfechtbar sind.

Vertrag	gültig	nichtig	anfechtbar
1. Ein Fahrer verkauft einem anderen Fahrer, der auf der Autobahn liegen geblieben ist, fünf Liter Benzin für 25,- €.			
2. Ein Dealer verkauft zwei Gramm Heroin.			
3. Ein fünfjähriges Kind kauft im Auftrag der Mutter ein. Einkaufszettel und Geld hat es dabei.			
4. Ein Rentner verschenkt sein Auto an sein Enkelkind.			
5. Für ein Darlehen werden 30 % Zinsen vereinbart.			
6. Ein Gemälde entpuppt sich nach dem Kauf als Fälschung.			

b) Nennen Sie die Ursachen der Nichtigkeit bzw. Anfechtbarkeit in den entsprechenden Fällen aus Aufgabe 1 a).

1. ____________________
2. ____________________
3. ____________________
4. ____________________
5. ____________________
6. ____________________

2 a) Beurteilen Sie mit Ihrem Nachbarn/Ihrer Nachbarin in Teamarbeit, ob die folgenden Behauptungen zutreffen oder nicht zutreffen. Kennzeichnen Sie die Aussagen mit wahr (**w**) und unzutreffend (**u**).

1. Im Grundgesetz wird bestimmt, wer rechtsfähig ist. ☐
2. Ein Minderjähriger ist stets strafunmündig. ☐
3. Ein Delikt im Rechtssinne kann jeder Mensch ab dem 7. Lebensjahr begehen. ☐
4. Strafmündigkeit bei Jugendlichen setzt stets ihre Einsichtsfähigkeit voraus. ☐
5. Geschäftsfähigkeit setzt ein vorhandenes Haftungskapital voraus. ☐
6. Skonto ist eine Gebühr für die rechtzeitige Bezahlung einer Rechnung. ☐
7. Sonderangebote in der Schaufensterauslage sind verbindliche Angebote. ☐
8. Erfüllungsort eines Kaufvertrages ist stets der Wohnort des Käufers. ☐
9. Mit Minderjährigen abgeschlossene Verträge sind stets unwirksam. ☐

b) Wählen Sie eine unzutreffende Behauptung aus und begründen Sie Ihre Entscheidung in schriftlicher Form.

____
____
____
____
____
____

S. 203 Ausgabe Niedersachsen	**Privatrechtliche Verträge**	S. 121–129 Ausgabe Sachsen-Anhalt, Brandenburg und Mecklenburg-Vorpommern
Name:	Klasse:	Datum:

1 Nennen Sie jeweils zwei Verpflichtungen, die sich für Verkäufer und Käufer nach Abschluss eines Kaufvertrages ergeben.

Verkäufer	**Käufer**

2

Alfred Fink
Blumenstraße 11
09090 Neudorf

Neudorf, 20..-08-23

Funk und Foto GmbH
Postfach 10 10
09090 Neudorf

Reklamation des am 22. August 20.. gelieferten Fernsehapparates

Sehr geehrte Damen und Herren,

am 25.07. habe ich bei Ihnen einen Fernsehapparat bestellt, der mir am 22.08. geliefert wurde. Bei Inbetriebnahme musste ich feststellen, dass das Gerät einen erheblichen Mangel aufweist. Die Tonwiedergabe ist durch ein ständiges Rauschen beeinträchtigt. Ich bitte Sie, die Störung bis spätestens 01.09. zu beheben. Ich möchte Sie schon jetzt darauf hinweisen, dass ich nach Ablauf dieser Frist an einer Reparatur nicht mehr interessiert bin und eines der mir laut BGB zustehenden Rechte in Anspruch nehmen werde.

Mit freundlichen Grüßen

a) Zählen Sie die Rechte auf, die Herr Fink laut BGB in Anspruch nehmen kann.

b) Entscheiden Sie, welches Recht Herr Fink nach Ihrer Meinung geltend machen sollte.

Begründen Sie Ihre Entscheidung.

a) ______________________________

b) ______________________________

3 Bringen Sie die Begriffe beim Ablauf eines gerichtlichen Mahnverfahrens in die richtige Reihenfolge.

Zahlung ist fällig/Mahnbescheid/Antrag auf Erlass eines Mahnbescheids/Zahlungserinnerung/Zahlungsaufforderung mit Androhung eines gerichtlichen Mahnverfahrens/Zahlungsaufforderung

1. ______________
2. ______________
3. ______________
4. ______________
5. ______________
6. ______________

1 Füllen Sie den Mietvertrag nach folgenden Angaben aus:

Vermieter: Eduard Kamann, Bahnhofstr. 14, 38820 Halberstadt. Mieter: Andrea Seibert, Harzstraße 26, 06502 Thale. Wohnung: Liebfrauenstr. 9, 1. Stock links, 38820 Halberstadt. 2 Zimmer, Küche, Toilette mit Bad, Kellerraum Nr. 5, 65 m^2. Mietverhältnis ab 01. Juli 2009 auf unbestimmte Zeit.

Miete 400,00 €/Monat, Nebenkosten zzt. Wasser 30,00 €, Straßenreinigung 1,00 €, Müllabfuhr 8,50 €, Schornsteinfeger 5,00 € jeweils pro Monat. Zahlung auf Konto-Nr. 47 206 bei Stadtsparkasse Halberstadt.

Wohnungs-Einheitsmietvertrag

Vertrag-Nr. ______
Ausfertigung für Vermieter/Mieter

1

(● grüne Punkte am Rand weisen darauf hin, dass eine zusätzliche Eintragung oder eine Streichung vorzunehmen ist.)
Unter Mieter und Vermieter werden die Vertragsparteien auch dann verstanden, wenn sie aus mehreren Personen bestehen. Alle im Vertrag genannten Personen haben den Mietvertrag eigenhändig zu unterschreiben. Nichtzutreffende Teile des Mietvertrages sind durchzustreichen, Zutreffendes ist anzukreuzen, freie Stellen sind auszufüllen oder durchzustreichen.

● Zwischen ______
● ______ ***als Vermieter,***
● vertreten durch ______
● und ______
● sowie ______, zurzeit
● wohnhaft ______, ***als Mieter,***
wird folgender Mietvertrag geschlossen:

§ 1 – Mieträume

● 1. Vermietet werden im Haus ______
(genaue Anschrift und genaue Lagebezeichnung nach Vorderhaus, Seitenflügel, Quergebäude, Stockwerk, rechts, links, Mitte)
● folgende Räume: ___ Zimmer, ___ Kammer, ___ Küche, ___ Korridor/Diele, ___ Bad, ___ Toilette, ___ Toilette mit
● Bad/Dusche, ___ Balkon, ___ Kellerraum ___ Nr. ___, ___ Bodenraum ___ Nr. ___, ______
● zur Benutzung als Wohnung ______ Wohnfläche: ______ m^2.
Die nachstehend aufgeführten Einrichtungen dürfen nach Maßgabe der Benutzungsordnung mitbenutzt werden: (z. B. Waschan-
● lage, Fahrzeugeinstellplatz usw.) ______
● 2. Der Vermieter verpflichtet sich, dem Mieter bei Übergabe der Mieträume folgende Schlüssel auszuhändigen: ___ Haus-, ___ Wohnungs-, ___ Zimmer-, ___ Boden-, ___ Keller-, ___ Aufzug-, ___ Garagen-, ___ Hausbriefkasten-, ___ Schlüssel. Die Beschaffung weiterer Schlüssel durch den Mieter bedarf der Einwilligung des Vermieters.
3. Die Mieträume dürfen vom Mieter nur zu Wohnzwecken genutzt werden. Die Gesamtzahl der Personen, die die Wohnung beziehen
● werden – bewohnen – beträgt ______. – Der Mieter ist verpflichtet, seiner gesetzlichen Meldepflicht nachzukommen.
Die Anbringung von Schildern, Werbung, Automaten und dergleichen außerhalb der Mieträume bedarf der vorherigen schriftlichen Einwilligung des Vermieters.

§ 2 – Mietzeit und ordentliche Kündigung

● 1. ☐ Das Mietverhältnis beginnt am ______, es läuft auf ***unbestimmte Zeit.***
● ☐ Die Wohnung ist nur zum ***vorübergehenden Gebrauch*** durch den Mieter gemietet, nämlich wegen ______
______
Das Mietverhältnis kann aus diesem Grund bis zum 3. Werktag jeden Monats zum Schluss dieses Monats schriftlich gekündigt werden.
2. Ist die Wohnung nicht zum vorübergehenden Gebrauch gemietet, beträgt die Kündigungsfrist für den Mieter 3 Monate, für den Vermieter 3 Monate, wenn seit der Überlassung des Wohnraums weniger als 5 Jahre vergangen sind, 6 Monate, wenn seit der Überlassung des Wohnraums 5 Jahre vergangen sind, 9 Monate, wenn seit der Überlassung des Wohnraums 8 Jahre vergangen sind, jeweils zum Ende eines Kalendermonats.
Die Kündigung muss schriftlich bis zum dritten Werktag des ersten Monats der Kündigung erfolgen, durch den Vermieter unter Angabe sämtlicher Kündigungsgründe und unter Hinweis auf das binnen einer Frist von 2 Monaten vor Beendigung des Mietverhältnisses schriftlich auszuübende Widerspruchsrecht. Für die Rechtzeitigkeit ist der Zugang der Kündigung maßgeblich.

§ 3 – Miete und Nebenkosten

		EUR
● 1. ☐ Die ***Brutto-Kaltmiete*** (einschließlich Betriebskosten, ausschließlich Heizung und Warmwasser) beträgt		
● ☐ Die ***Netto-Kaltmiete*** (ausschließlich Betriebskosten, Heizung und Warmwasser) beträgt		______
● Neben der Miete sind monatlich zu entrichten für:		
☐ Betriebskostenvorschuss für Betriebskosten gemäß Abs. 2 ______	zzt.	______
☐ Betriebskostenpauschale für Betriebskosten gemäß Abs. 2 ______	zzt.	______
Heizkostenvorschuss gemäß § 5 ______	zzt.	______
______	zzt.	______
______	zzt.	______
Insgesamt sind zzt. monatlich zu zahlen:		

2. Die ***Betriebskosten*** gemäß Betriebskostenverordnung in der jeweils geltenden Fassung, ermittelt aufgrund der letzten Berech-
● nung des Vermieters vom ______
● ☐ sind in der gem. Abs. 1 vereinbarten Brutto-Kaltmiete ausschließlich Heizung und Warmwasser anteilig ***enthalten.***
● ☐ sind in der gem. Abs. 1 vereinbarten Netto-Kaltmiete ***nicht enthalten.***
Die Betriebskosten, insbesondere wie nachfolgend spezifiziert, sind als Vorschuss vom Mieter an den Vermieter zu zahlen. Die Abrechnung mit dem Mieter erfolgt jährlich. Die nachfolgende Spezifikation gilt auch bei Vereinbarung einer Betriebskostenpauschale. Die Umlegung der Kosten für Sammelheizung und Warmwasserversorgung ist in § 5 dieses Vertrages vereinbart.

1) Die laufenden öffentlichen Lasten des Grundstücks, insbesondere Grundsteuer
2) Die Kosten der Wasserversorgung
3) Die Kosten der Entwässerung
4) Die Kosten des Betriebs des Personen- oder Lastenaufzugs
5) Die Kosten der Straßenreinigung und Müllbeseitigung
6) Die Kosten der Gebäudereinigung und Ungezieferbekämpfung
7) Die Kosten der Gartenpflege
8) Die Kosten der Beleuchtung
9) Die Kosten der Schornsteinreinigung
10) Die Kosten der Sach- und Haftpflichtversicherung
11) Die Kosten für den Hauswart
12) Die Kosten des Betriebs der Gemeinschafts-Antennenanlage oder der mit einem Breitbandkabelnetz verbundenen privaten Verteilanlage
13) Die Kosten des Betriebs der Einrichtungen für die Wäschepflege
14) Die Kosten der Dachrinnenreinigung
15) Sonstige Betriebskosten
16) Umlageausfallwagnis (nur bei öffentl. gefördertem Wohnraum)

● ______

RNK Verlags-Nr. **599**   3.09 / 178
www.rnk-verlag.de

Privatrechtliche Verträge

Name: Klasse: Datum:

1 Nennen Sie drei Gesetze zum Verbraucherschutz und ihre Ziele.

Gesetz	Ziel des Gesetzes

2 Geben Sie an, wofür Sie Schulden machen würden.

3 Zeigen Sie auf, aus welchen Gründen gerade bei jungen Leuten die Schuldenfalle so schnell zuschnappt.

4 Erarbeiten Sie drei Möglichkeiten eines angemessenen Lebensstils.
Vergleichen Sie Ihre Ergebnisse mit denen Ihres Nachbarn und fertigen Sie eine Collage an.

S. 141–143 Ausgabe Niedersachsen	**Betriebsaufbau**	S. 139–141 Ausgabe Sachsen-Anhalt, Brandenburg und Mecklenburg-Vorpommern

1 a) Ordnen Sie die einzelnen Betriebsabteilungen entsprechend ihrer betrieblichen Tätigkeit den Grundaufgaben des Betriebs – Beschaffung (B), Produktion (P), Absatz (A), Leitung (L) – zu.

Tragen Sie Ihr Ergebnis in die entsprechenden Kästen ein.

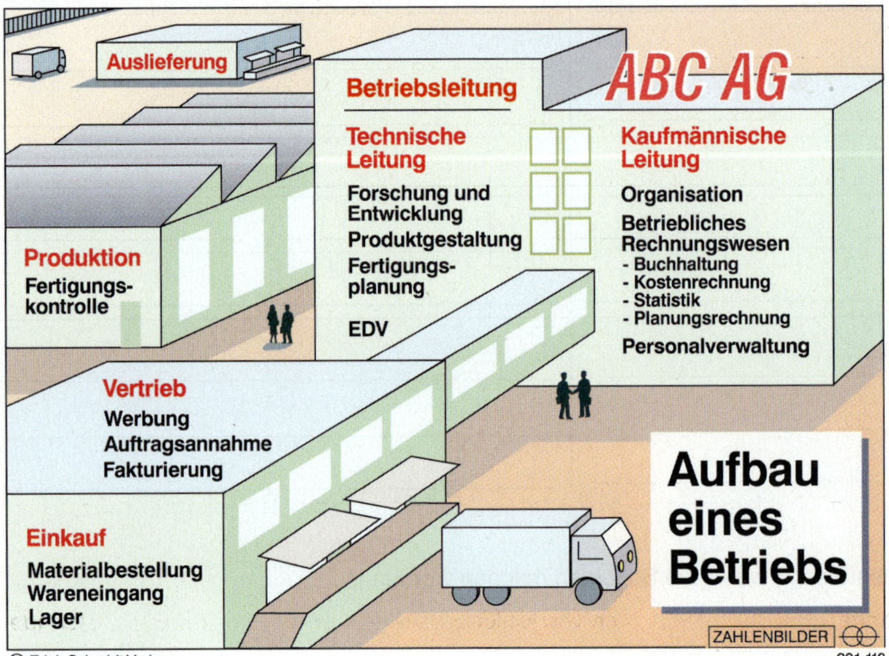

© Erich Schmidt Verlag 201 110

b) Kennzeichnen Sie den Verlauf von Informations- (⟶) und Anweisungsfluss (⟹) im Betrieb. Vervollständigen Sie das Schaubild.

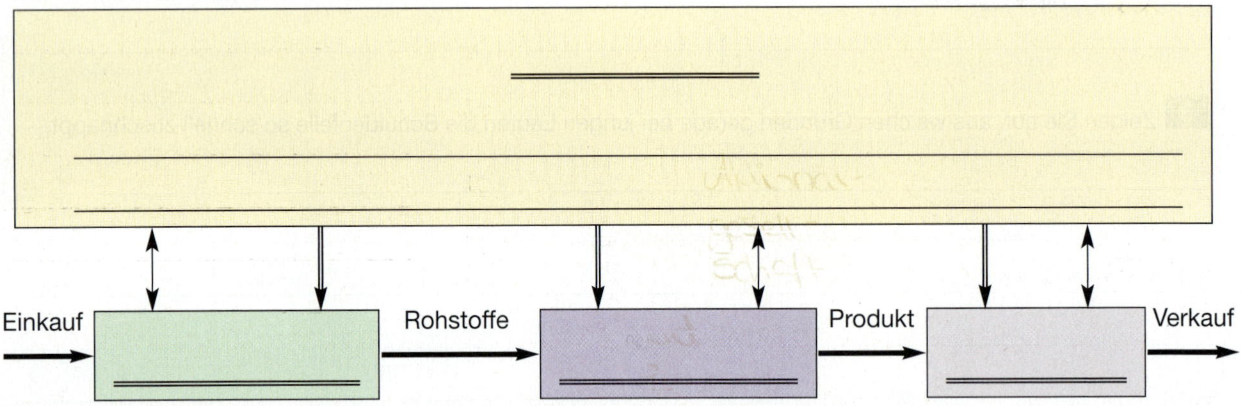

2 Formulieren Sie die zwei Bedingungen, die innerhalb eines Betriebs erfüllt sein müssen, damit ein planvolles Wirtschaften möglich ist und die betriebliche Produktionsaufgabe bewerkstelligt wird.

- ______________________________

  ____

- ______________________________

  ____

  ____

S. 140–147 Ausgabe Niedersachen	Betriebsarten und Betriebsklima	S. 138–147 Ausgabe Sachsen-Anhalt, Brandenburg und Mecklenburg-Vorpommern

Name: Klasse: Datum:

1 Welche Merkmale kennzeichnen in der Regel einen **Handwerksbetrieb,** welche einen **Industriebetrieb?** Stellen Sie diese Merkmale in Form einer Tabelle einander gegenüber.

Verkauf über Händlernetz; Einzelunternehmung; individuelle Einzelanfertigung; viele Beschäftigte; Kapitalgesellschaft; direkter Verkauf an Kunden; kaum Reparaturarbeiten; vorwiegend Maschineneinsatz; wenig Beschäftigte; Massenherstellung von Gütern in Serie; kaum Arbeitsteilung; viele Reparaturarbeiten; Aufgliederung in Abteilungen und in Unterabteilungen; viel handwerkliche Fertigung.

Handwerksbetrieb	Industriebetrieb

2 Umfrage: „Welches Verhalten von Kollegen oder Vorgesetzten beeinflusst besonders negativ das Betriebsklima?"

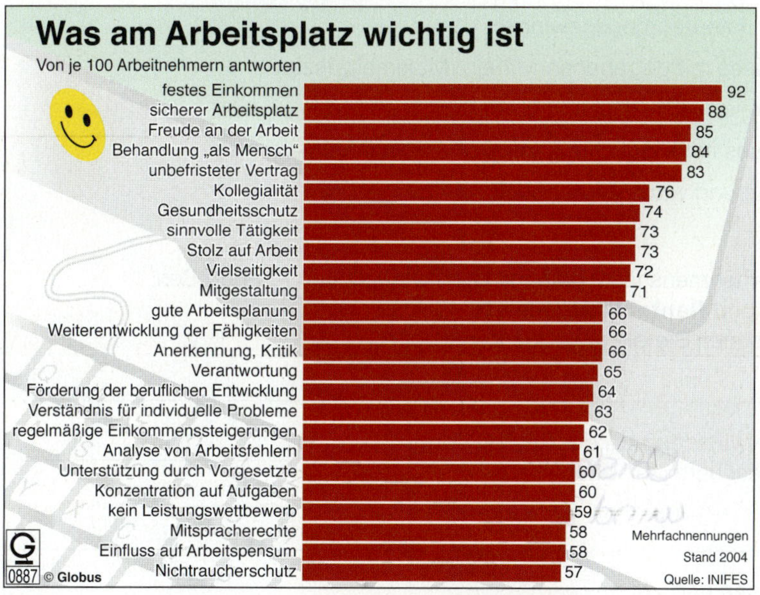

a) Führen Sie die Umfrage in Ihrer Klasse durch.
b) Vergleichen und bewerten Sie die Ergebnisse.

3 Beschreiben Sie die Kriterien, die Ihrer Meinung nach das Betriebsklima entscheidend prägen. Begründen Sie Ihre Auswahl mündlich bei einer Diskussionsrunde innerhalb Ihrer Klasse.

S. 144–147 Ausgabe Niedersachsen	**Betriebsarten und Kenngrößen**	**S. 142–147** Ausgabe Sachsen-Anhalt, Brandenburg und Mecklenburg-Vorpommern

Betriebsarten und Kenngrößen

1 Ordnen Sie die Beispiele richtig zu und formulieren Sie eine weitere Aussage.

erwerbswirtschaftlich	oder	gemeinwirtschaftlich
X	Die Produktion im Automobilwerk soll im nächsten Jahr um vier Prozent gesteigert werden.	
	Ein Neubaugebiet wird mit Wasser- und Kanalanschluss versorgt. (z.B. Stadtwerke)	X
	Neu im Programm des städtischen Hallenbads: die Familienkarte, d. h. Preisvorteile für Familien mit Kindern.	X
X	Wegen des Umsatzrückgangs sind viele Arbeitsplätze in der Elektronikindustrie in Gefahr.	
X	Aufgrund der günstigen Geschäftsentwicklung konnte das Eigenkapital der Kaufhaus-Kette erhöht werden.	
	Wegen gestiegener Kosten werden U-Bahn-Fahrten wieder teurer.	X
X	Kraftfahrzeuge werden teurer. Bereits vier Automobilhersteller erhöhten in diesem Monat die Preise.	
	______________________	

2 Kreuzen Sie die richtigen Aussagen zum **Wirtschaftlichkeitsprinzip** an.

- ☐ Erhöhen des betrieblichen Umsatzes bei sinkenden Kosten
- ☐ Rentabilitätssteigerung durch höhere Unternehmensgewinne
- ☐ Erzielen des größtmöglichen Ergebnisses mit gegebenen Mitteln (Maximalprinzip)
- ☐ Angebot und Nachfrage regeln den Preis
- ☐ Erreichen eines bestimmten Ergebnisses mit möglichst geringen Mitteln (Minimalprinzip)
- ☐ Umsatzsteigerung durch höhere Preise und wachsenden Verkauf

3 Der wirtschaftliche Erfolg eines Unternehmens lässt sich mit den betrieblichen Kenngrößen **Arbeitsproduktivität, Wirtschaftlichkeit** und **Rentabilität** messen.
Finden Sie den richtigen Begriff und berechnen Sie die jeweilige Kenngröße.

Mit einem Eigenkapital von 1,2 Mio. € erwirtschaftete der Betrieb von Harry und Martha N. im vergangenen Geschäftsjahr einen Reingewinn von 80.000 €.	______________ __________ =
Fernseher der Serie „Nova“ werden für 680.000,- € an den Großhändler verkauft. Die Herstellungskosten betragen 540.000,- €.	______________ ______ =
Aufgrund einer neuen und rationelleren Fertigungsstraße konnte das Produktionsergebnis deutlich gesteigert werden. In einer Schicht von acht Stunden können nun 400 Pumpen statt bisher 320 hergestellt werden.	______________ vorher ________ = nachher ________ =

S. 147–149 Ausgabe Niedersachsen	**Produktion und Rationalisierung**	S. 145–149 Ausgabe Sachsen-Anhalt, Brandenburg und Mecklenburg-Vorpommern
Name:	Klasse:	Datum:

1 a) Erläutern Sie das Investitionsziel „Rationalisierung" mit Beispielen.

b) Begründen Sie die Schlüsselrolle von Investitionen.

2 Ordnen Sie folgende Produktionen den Organisationsformen der Fertigung durch Ankreuzen zu:

Organisationsform der Fertigung	Baustellenfertigung	Werkstattfertigung	Werkstättenfertig.	Fließfertigung
Bau von Kraftfahrzeugen				
Bau einer Autobahnbrücke				
Herstellung einer Haustür nach Aufmaß				
Herstellen und Lackieren von Zaunpfählen aus Metall				

3 Diskutieren Sie die positiven und negativen Auswirkungen durch den vermehrten Einsatz von Computern und Robotern in Wirtschaft und Technik für den Arbeitnehmer, für die Unternehmung sowie für die Gesellschaft. Ordnen Sie dazu die unterschiedlichen Aussagen in die Tabelle ein:

Arbeitslose bedeuten eine große soziale und politische Belastung; Chancen für mehr Freizeit; Vermehrung des gesellschaftlichen Wohlstands; Erhöhung der Produktivität; hohe Investitionskosten für neue Technologien; Investitionen für Freizeitangebote sind notwendig; Computer und Roboter veralten sehr schnell durch die rasante technische Entwicklung; große Gefahr, dass Arbeitsplätze verloren gehen; Entwicklung zur Freizeitgesellschaft; geringe Sozialkosten; Arbeitserleichterungen, da Automaten schwere und gefährliche Arbeiten übernehmen; Anstieg der gesellschaftlichen Sozialkosten; größere Störanfälligkeit der spezialisierten technischen Geräte; Einsparung von Lohnkosten; berufliche Qualifikation des Einzelnen kommt nicht mehr zur Geltung, da er vielfach nur noch Kontrollaufgaben erfüllt.

Positiv

Arbeitnehmer	Unternehmung	Gesellschaft

Negativ

Arbeitnehmer	Unternehmung	Gesellschaft

S. 150–157 Ausgabe Niedersachen	**Unternehmensformen und -konzentration**	S. 150–157 Ausgabe Sachsen-Anhalt, Brandenburg und Mecklenburg-Vorpommern

1 Vervollständigen Sie die Tabelle.

	Rechtsform	Merkmale: Anzahl der Gründer	Gründungskapital	Unternehmensleitung	Gewinnverwendung	Verlustverteilung	Haftung
	Einzelunternehmen	1	keine Ausgaben	Einzelunternehmen	Einzelunternehmer	allein	allein (+) unbeschränkt
Personengesellschaften	OHG	mind. 2	keine Angaben	alle Gesellschafter	laut Vertrag oder (4% vom Gewinn)	alle Gesellschafter laut Vertrag	solidarisch unbeschränkt direkt
Personengesellschaften	KG	mind. 2	keine Angaben	Komplementär	laut Vertrag 4% nach Kapitaleinlage		
Kapitalgesellschaften	GmbH	mind. 1 meistens mehrere	mind. 25 000 €	Geschäftsführung	Gesellschafterversamm.	Gesellschafter	Gesellschaftsvermögen
Kapitalgesellschaften	UG haftungsbeschränkt						
Kapitalgesellschaften	Limitd			Direktor			
Kapitalgesellschaften	AG	mind. 1 meistens mehrere	50 000 €		Aktionärgesellschaft		
	Genossenschaften	mind. 3		Vorstand mind. 2		Genossenschaftsstatut	

2 Vergleichen Sie die Kooperationsformen miteinander und stellen Sie die Unterschiede heraus.

Kartell

Konzern

Trust

S. 157–161 Ausgabe Niedersachsen	**Unternehmenskonzentration und „Zuständige Stelle“**	S. 156–161 Ausgabe Sachsen-Anhalt, Brandenburg und Mecklenburg-Vorpommern
Name:	Klasse:	Datum:

1 Für Unternehmenszusammenschlüsse sind vornehmlich wirtschaftliche Gründe maßgeblich. Nennen Sie vier Ursachen und beurteilen Sie deren Auswirkungen.

- ____
- ____
- ____
- ____

a) Unterstreichen Sie im Text die Gründe für die Millionenbuße, für ihre Höhe und die beabsichtigte Wirkung.

Bundeskartellamt verhängt Millionenbuße gegen Mörtelhersteller

Das Bundeskartellamt hat gegen Unternehmen der Mörtelbranche Geldbußen in Höhe von 39,69 Mio. € verhängt. Insgesamt neun Unternehmen und eben so vielen leitenden Angestellten wird vorgeworfen, sich an wettbewerbsbeschränkenden Absprachen über Aufstellgebühren für Trockenmörtel-Silos beteiligt zu haben (...) Das Bundeskartellamt hat bei Durchsuchungen der Unternehmen im Mai 2006 und im Januar 2007 umfangreiches Beweismaterial sichergestellt. Die Absprachen (...) betrafen den Absatz von Trockenmörtel-Silos im ganzen Bundesgebiet. (...) Im Hinblick auf die Bußgeldberechnung (wurden) die Mörtelumsätze der Unternehmen und nicht nur die Einnahmen aus der Silostellgebühr zugrunde gelegt, um die wirtschaftliche Tragweite der Absprachen richtig einzuordnen. Für zwei der betroffenen Unternehmen, die in Konzerne mit Jahresumsätzen von über 1 Mrd. € eingebunden sind, wurden die Bußen deutlich angehoben, um der Entscheidung des Bundeskartellamtes eine stärkere Abschreckungswirkung zu verleihen.

Bundeskartellamt, Pressemeldung vom 3.07.2009 (S. 1 von 1)

b) Wie ist Ihre Meinung? Diskutieren Sie dieses Thema in Ihrer Klasse.

2 Ordnen Sie die verschiedenen Aufgabenbereiche im Handwerk den einzelnen Institutionen **Innung, Kreishandwerkerschaft** und **Handwerkskammer** zu. Mehrfachnennungen sind möglich.

Aufgabenbereiche	Innung	Kreishandwerkerschaft	Handwerkskammer
Handwerksrolle führen			
Überbetriebliche Ausbildung			
Gemeinschaft der Mitglieder fördern			
Gutachten für Mitglieder erstellen			
Meisterprüfung abnehmen			
Interessen der selbstständigen Handwerker vertreten			
Gesellen- und Zwischenprüfungen abnehmen			
Fachliche Interessen der Mitglieder vertreten			
Ausbildungsberatung			
Geschäftsführung der Innung			

S. 112–133 Ausgabe Niedersachen	**Wirtschaftspolitik**	S. 158–171 Ausgabe Sachsen-Anhalt, Brandenburg und Mecklenburg-Vorpommern

1 Aus welchen Artikeln des Grundgesetzes lässt sich Ihrer Meinung nach die soziale Marktwirtschaft ableiten?

____

____

2 Setzen Sie folgende Begriffe an die richtige Stelle:
Volkswirtschaft, EZB, sozialer Frieden, Bruttoinlandsprodukt, negativ, Bundesagentur für Arbeit, Arbeitslose, Erhaltung einer lebenswerten Umwelt

Die magischen Ziele der Wirtschaftspolitik

Die **Preisniveaustabilität,** auch **Preisstabilität** und **Geldwertstabilität,** kennzeichnet das Hauptziel der ______. Preisniveaustabilität bedeutet, dass ein gewichteter Durchschnitt der Preise, nicht die einzelnen Preise, in einer ______________ stabil bleibt.
Unter **Beschäftigungsstand** versteht man das zahlenmäßige Verhältnis von Erwerbstätigen zu ______________ innerhalb einer Gesellschaft. Die registrierte Arbeitslosigkeit umfasst jene Personen, die sich (in Deutschland) bei der ______________ gemeldet haben und dem Arbeitsmarkt zur Verfügung stehen.

Außenwirtschaftliches Gleichgewicht ist eine Situation, die dadurch gekennzeichnet ist, dass von den wirtschaftlichen Beziehungen des Inlands mit dem Ausland keine __________ Wirkungen auf die wirtschaftliche Entwicklung ausgehen. Außenwirtschaftliches Gleichgewicht ist dann gegeben, wenn vom Ausland weder Inflation, Arbeitslosigkeit noch Wachstumsschwäche in die Binnenwirtschaft hereingetragen werden und umgekehrt heimische Fehlentwicklungen nicht zulasten des Auslands gelöst werden.
Unter **Wirtschaftswachstum** versteht man die relative Änderung der Wirtschaftskraft einer Volkswirtschaft von einer Periode zur nächsten. Als Maßstab dient in Deutschland normalerweise das ______________ ______________. Die **Einkommensverteilung** ist für die Wahrung des ______________ von Bedeutung. Ungleiche Verteilung kann zu sozialen Unruhen führen.

Das magische Sechseck schließt außerdem das Ziel ______________________ ein.

3 Vervollständigen Sie die Grafik und beschreiben Sie Zusammenhänge, die sich aus den Daten entnehmen lassen.

____

____

____

____

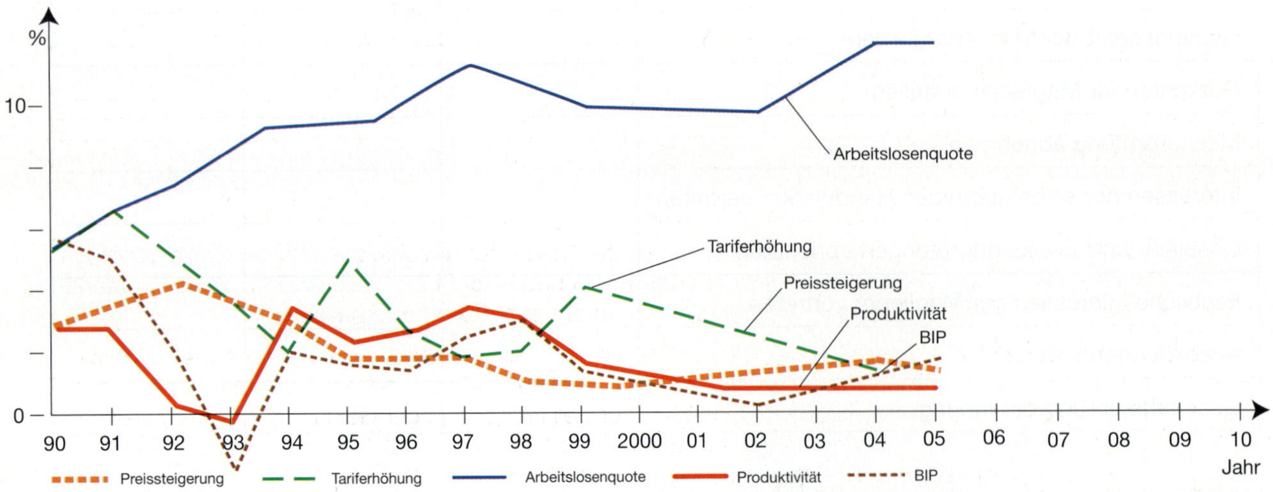

S. 112–133 Ausgabe Niedersachsen	Wirtschaftspolitik	S. 158–171 Ausgabe Sachsen-Anhalt, Brandenburg und Mecklenburg-Vorpommern
Name:	Klasse:	Datum:

1 Manche Ziele der Wirtschaftspolitik harmonieren miteinander, andere gefährden sich gegenseitig. Wie verhalten sich

a) Stabilität des Preisniveaus und Beschäftigungsstand?

b) hoher Beschäftigungsstand und Wirtschaftswachstum?

2 Benennen Sie die vier Abschnitte (Phasen) der Konjunktur.

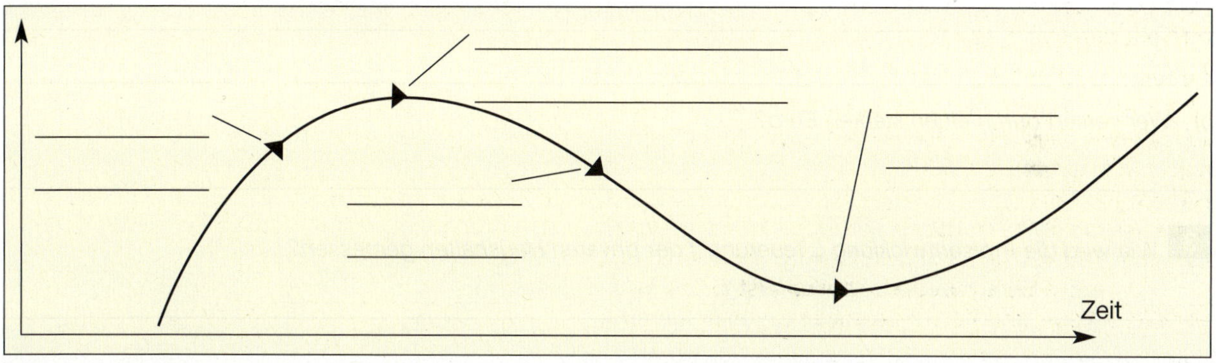

3 Sowohl Hochkonjunktur als auch Depression sind unerwünscht. Welche Nachteile ergeben sich für die Unternehmer, Arbeitnehmer und den Staat?

Nachteile für	Hochkonjunktur	Depression
Unternehmer		
Arbeitnehmer/ Verbraucher		
Staat		

4 Fassen Sie den folgenden Text zusammen und nehmen Sie dazu Stellung.

„Zunächst einmal der Blick auf den Sozialstaat: In den letzten 15 Jahren hat sich dieser dramatisch verändert. Was ist passiert? Nach 1990 ist für die Reichen im Land der Grund weggefallen zu beweisen, dass die Marktwirtschaft auch für finanziell Schwächere die bessere Alternative zum Kommunismus ist.

Der Kapitalismus braucht heute keine soziale Legitimation mehr. Seit der Wende erfahren wir eine systematische Verminderung der Steuerlast für Firmen und Reiche und eine Erhöhung der Abgabenlast für die Normalbürger. Der Staat hat für öffentliche Aufgaben tendenziell immer weniger Geld zur Verfügung, weil er die Steuersenkungen bei den Unternehmen finanzieren muss."

Ernst-Ulrich von Weizsäcker: Die Zivilgesellschaft stärken, in: Erziehung und Wissenschaft, 5/2005, S. 19

S. 126–127 Ausgabe Niedersachsen	**Geldpolitik**	S. 174–177 Ausgabe Sachsen-Anhalt, Brandenburg und Mecklenburg-Vorpommern

1 a) Erläutern Sie allgemein den Begriff „Wechselkurs“.

____

____

b) Sie planen Ihren Urlaub im Ausland. Nennen Sie zwei Länder, in denen Sie mit dem Euro bezahlen können und andere, für die Sie vorsorglich Geld umtauschen sollten.

Urlaub mit dem Euro: ______________________________

Umtausch erforderlich: ______________________________

2 *Nachdem der Euro bis Mitte 2002 gegenüber dem Dollar „schwach“ war, d. h., ein Euro kostete etwa 0,95 $, steigt mittlerweile der Wechselkurs gegenüber dem $. 2009 bekam man für einen Euro 1,49 $.*

a) Wer profitiert von einem starken Euro?

____

____

b) Wer verliert durch einen starken Euro?

____

3 *Wie wird die Preisentwicklung („Teuerung“) der privaten Haushalten gemessen?*

____

____

4 *a) Beschreiben Sie das geldpolitische Instrument, mit dem die Europäische Zentralbank (EBZ) den Leitzins festsetzt.*

____

____

b) Beschreiben Sie die beabsichtigte Wirkung einer Senkung des Leitzinses („lockere“ Geldpolitik).

____

____

____

c) Erklären Sie die beabsichtigte Wirkung einer Erhöhung des Leitzinses („restriktive“ Geldpolitik).

____

____

____

d) Ermitteln Sie in Stichworten mögliche unerwünschte Auswirkungen von Geldpolitik.

Lockere Geldpolitik: ______________________________

Restriktive Geldpolitik: ______________________________

S. 129–131
Ausgabe Niedersachsen

Europäische Struktur- und Beschäftigungspolitik

S. 180–183
Ausgabe Sachsen-Anhalt, Brandenburg und Mecklenburg-Vorpommern

Name: Klasse: Datum:

1 Am Flughafen Magdeburg findet der Besucher ein Schild, das auf die Förderung durch die „Europäische Gemeinschaft“ als Teilbereich der Europäischen Union verweist. Fördermittel werden nur bei einer „Kofinanzierung“ (Mitfinanzierung) gewährt.

a) Aus welchem Fonds („Topf“) der Strukturpolitik flossen die Fördermittel?

b) Erkundigen Sie sich bei der Flughafengesellschaft, durch wen der Ausbau mitfinanziert wurde.

c) Welchen Zweck verfolgt die EU mit der Förderung von Verkehrsverbindungen?

d) Ermitteln Sie den Grund für die Förderwürdigkeit des Projekts durch die EU.

Ordnen Sie folgende Aufgaben den Zielen und Fonds der Europäischen Strukturpolitik zu:

Förderung der europäischen Lehrlingsausbildung	
Gewerbeansiedlung in einem früheren Industriebebiet	
Umschulung von Frauen in zukunftssichere Berufe	
Straßenausbau zwischen Deutschland und Belgien zur Förderung grenzüberschreitender Personalströme	
Förderung der neuen EU-Mitglieder zur Anpassung an die EU-Lebensbedingungen	
Modernisierung der Arbeitsmarktverwaltungen	
Wiedereingliederungen von Menschen mit Behinderung in den Arbeitsmarkt	

S. 40–45 Ausgabe Niedersachsen	**Arbeitslosigkeit**	S. 162–165 Ausgabe Sachsen-Anhalt, Brandenburg und Mecklenburg-Vorpommern

1 Kreuzen Sie richtig an.

Grund der Arbeitslosigkeit (Fallbeispiel)	personen-bedingt	struktur-bedingt	konjunk-turell	saisonal	friktionell
1. Der Roboter arbeitet länger, ist seltener „krank“ und setzt die Schweißnähte ganz exakt. Deshalb gibt es den Arbeitsplatz von Willi B. im Automobilwerk schon seit Jahren nicht mehr.					
2. Bernd A. ist zum 31.07. ... gekündigt worden. Er hat allerdings schon wieder einen Arbeitsvertrag und kann seine neue Stelle zum 1.10. ... beginnen.					
3. Aufgrund der ungünstigen Witterung nimmt die Bautätigkeit im Winter ab. Helmut W., Hilfsarbeiter im Straßenbau, ist deshalb wieder einmal ohne Arbeit.					
4. Die Nachfrage nach Automobilen geht schon seit längerer Zeit deutlich zurück. Tausende Arbeitsplätze sind verloren. Die neuerliche Kündigungswelle trifft jetzt auch Waltraud F..					
5. Jochen M. ist ungelernt. Gesucht werden hochqualifizierte Arbeitskräfte.					
6. Die Krise in der Stahlindustrie besteht seit vielen Jahren. „Stahlkocher“ Walter N. hat im vergangenen Monat endgültig seinen Arbeitsplatz verloren.					

2 Welche Folgen und Auswirkungen hat Arbeitslosigkeit?

Aus der Sicht der Betroffenen	**Aus der Sicht des Staates**

3 a) Kreuzen Sie an, wer Ihrer Meinung nach bei einer wirtschaftlichen Krise am ehesten von Arbeitslosigkeit betroffen ist.

- ☐ eher Männer
- ☐ eher Frauen
- ☐ eher Kaufleute
- ☐ eher Techniker
- ☐ eher Gelernte
- ☐ eher Ungelernte
- ☐ Ältere (55 Jahre und älter)
- ☐ Jugendliche (unter 20 Jahre)
- ☐ mit Berufserfahrung
- ☐ ohne Berufserfahrung

b) Nennen Sie Ursachen:

Name: Klasse: Datum:

1 Zeigen Sie Ihre persönlichen Möglichkeiten und Wege auf, um Ihren Arbeitsplatz zu erhalten bzw. einen neuen Arbeitsplatz zu finden. Tragen Sie Ihre Ideen in die beiden Spalten der Tabelle ein.

Meine persönlichen Ideen gegen Arbeitslosigkeit

Suche eines Ausbildungs- oder Arbeitsplatzes	Erhaltung des Arbeitsplatzes

2 Recherchieren Sie mithilfe der Methode „WebQuest", welche Lösungen zur Beseitigung der Arbeitslosigkeit gegenwärtig diskutiert werden.

Vorgehensweise bei WebQuests

1. **Einführung in das Thema**
   Suchen Sie einen Lösungsansatz für die Verringerung der Arbeitslosigkeit.
2. **Aufgaben**
   Formulieren Sie eine Aufgabenstellung zu diesem Lösungsansatz.
3. **Materialien**
   Suchen Sie Quellen, die bei der Lösung der Aufgabenstellung helfen.
4. **Prozess**
   Fragen Sie Ihren Lehrer/Ihre Lehrerin um Rat, wenn Sie nicht weiterkommen.
5. **Evaluation**
   Bewerten und reflektieren Sie am Ende des WebQuests Ihren Lernprozess kritisch.
6. **Präsentation**
   Präsentieren Sie das Resultat Ihrer Arbeit.

S. 106, 126–127 Ausgabe Niedersachen	**Märkte**	S. 174–175 Ausgabe Sachsen-Anhalt, Brandenburg und Mecklenburg-Vorpommern

1

Märkte sind überall, wo Angebot (Käufer) und Nachfrage (Verkäufer) zusammentreffen. Nennen Sie Beispiele für Märkte.

____

____

____

____

____

2 a) Wonach richten sich die Preise bei freiem Wettbewerb?

____

b) Tragen Sie ein, wie sich Preise bei folgenden Marktsituationen verhalten. Finden Sie jeweils ein Beispiel.

Marktsituation	**Beispiel**
Bei gleichbleibender Nachfrage und sinkendem Angebot ________ der Preis.	________
Bei steigender Nachfrage und gleichbleibendem Angebot ________ der Preis.	________
Bei steigendem Angebot und gleichbleibender Nachfrage ________ der Preis.	________

3 Tragen Sie in das Schema der Marktformen Beispiele ein.

	ein Nachfrager	**wenige Nachfrager**	**viele Nachfrager**
ein Anbieter	zweiseitiges **Monopol**	beschränktes Angebotsmonopol	Angebotsmonopol
mehrere Anbieter	beschränktes Nachfragemonopol	zweiseitiges **Oligopol**	Angebotsoligopol
viele Anbieter	Nachfragemonopol	Nachfrageoligopol	**Polypol**

Die griechischen Vorsilben bedeuten: mono = „ein“; oligo = „wenig“; poly = „viel“.

S. 134–139 Ausgabe Niedersachsen	Steuern	S. 184–189 Ausgabe Sachsen-Anhalt, Brandenburg und Mecklenburg-Vorpommern
Name:	Klasse:	Datum:

1 Ermitteln Sie für folgende Beispiele den Umsatzsteuersatz, die Höhe der im Bruttopreis enthaltenen Umsatzsteuer und den Nettopreis der Waren.

Produkt	Bruttopreis	Umsatzsteuersatz	Umsatzsteuer	Nettopreis
T-Shirt	13,00 €			
Wohnungsmiete	265,00 €			
Brandenburg-Ticket der Deutschen Bahn	23,00 €			
Zeitschrift „Focus“	2,90 €			
DVD-Player	175,00 €			
Eintrittskarte Museum	3,00 €			
10 Liter Superbenzin				

2 Welche Lohnsteuerklassen werden folgenden Arbeitnehmern zugeordnet?

Arbeitnehmer	Lohnsteuerklasse(n)
Herr Finke, verheiratet, 2 Kinder, Ehefrau ist Hausfrau	
Herr Zeder, verheiratet, Frau Zeder ist ebenfalls Arbeitnehmerin mit gleich hohem Einkommen	
Frau Almara, ledig, 1 Kind	
Herr Kunze, geschieden, keine Kinder, hat einen Vollzeitjob und arbeitet nebenbei noch in einem Teilzeitjob	
Frau Helgert, verwitwet, keine Kinder, Arbeitnehmerin	
Frau Petras verdient nur etwa halb so viel wie ihr Ehemann Herr Petras	

3 Der Staat benötigt Steuereinnahmen, um den Finanzbedarf für die Erfüllung seiner Aufgaben zu decken. Zusätzlich kann er mit der Steuergesetzgebung andere Absichten verfolgen. Welche politischen Ziele stehen in folgenden Fällen im Vordergrund der Entscheidung?

- Schrittweise Erhöhung der Mineralölsteuer

- Stufenweise Erhöhung des Grundfreibetrags und Senkung des Eingangs- und Spitzensteuersatzes bei der Einkommenssteuer

- Erhöhung der Tabaksteuer

1 Das Sozialstaatsprinzip im Grundgesetz und das Sozialgesetzbuch verpflichten den Bund und die Länder auf die allgemeinen Ziele **soziale Gerechtigkeit** und **soziale Sicherheit.**

a) Beschreiben Sie diese Ziele.

____

____

b) Kennzeichnen Sie deren Umsetzung an Beispielen.

____

____

____

2 Eine sozialpolitische Hilfestellung besonderer Art ist das **Arbeitslosengeld II.**
Kennzeichnen Sie die folgenden Aussagen mit einem w (wahr) oder f (falsch).

- [ ] Arbeitslosengeld II wird vom Bund und von den Kommunen gewährt.
- [ ] Bei der Gewährung des Arbeitslosengelds II spielt die Besonderheit des jeweiligen Falls keine Rolle, da es „Pauschalhilfen“ gibt.
- [ ] Dem Arbeitslosengeld II liegt das Prinzip der Subsidiarität („Hilfe zur Selbsthilfe“) zugrunde.
- [ ] Die Ausgaben für das Arbeitslosengeld II werden sich in den nächsten Jahren verringern und belasten die Haushalte kaum.

3

NIE WAR ES SO WERTVOLL WIE ÜBERMORGEN.

a) Beschreiben Sie die inhaltliche Aussage der Karikatur.

____

____

____

____

____

____

____

b) Ist es sinnvoll, alle am Gesundheitswesen beteiligten Gruppen freiwillig zu kostendämpfenden Maßnahmen zu bewegen, oder sollten gesetzliche Maßnahmen beschlossen werden? Begründen Sie Ihre Meinung und nennen Sie die beteiligten Gruppen.

- **Meinung**

____

____

- **Beteiligte Gruppen**

____

____

S. 72–75 Ausgabe Niedersachsen	**Soziale Sicherung**	S. 192–195 Ausgabe Sachsen-Anhalt, Brandenburg und Mecklenburg-Vorpommern
Name:	Klasse:	Datum:

1 Die Industrialisierung hatte große soziale Probleme zur Folge. Kreuzen Sie die Aussagen an, die auf die Lage der Arbeiter in der Zeit der frühen Industrialisierung zutreffen (um 1850).

- ☐ Der Arbeiter lebte ausschließlich vom Verkauf seiner Arbeitskraft.
- ☐ Ein hohes Lohnniveau garantierte der Arbeiterschaft Wohlstand.
- ☐ Viele Unternehmer nutzten das Überangebot von Arbeitskräften, um sie auszubeuten.
- ☐ Der Lohnarbeiter lebte in unmenschlichen Wohnverhältnissen möglichst nahe am Arbeitsplatz.
- ☐ Umfangreiche Sozialgesetze sicherten den Unselbstständigen.
- ☐ Frauen- und Kinderarbeit sowie Arbeitszeiten von bis zu 14 Stunden waren üblich.
- ☐ Kündigungen aufgrund von Krankheiten oder Invalidität waren ungesetzlich.
- ☐ Der Arbeiter fand hinreichend soziale Sicherheit in der Großfamilie.

2 a) Vervollständigen Sie die für die geschichtliche Entwicklung der sozialen Sicherheit wichtigen Begriffe. Das Lösungswort ergibt, von oben nach unten gelesen, ein Versicherungsprinzip der Sozialversicherung.

P				G	E	V								R	U	N	G									
				E	T	T	O							Z	U	G										
				U		F	A	L		V	E	R									G					
	E				R	N	Z																			
							U					U	R	L	A	U	B							Z		
				G	E	N	D			B	E	I								Z						
												K	E					S	I	C	H					G
		Z	I			G	E				H	T														
G	E	S	U	N	D	H	E	I	T	S	F	O	N	D												
		K	O										U	N	G											
										E		V	E	R									G			

b) Erläutern Sie dieses Versicherungsprinzip.

____

____

____

c) Welches Versicherungsprinzip wird in der folgenden Aussage beschrieben?
Die sozialen Hilfeleistungen der Sozialversicherungen werden dem einzelnen Fall angepasst und sollen Hilfe zur Selbsthilfe bieten.

____

S. 77–81 Ausgabe Niedersachsen	**Unfallversicherung Krankenversicherung**	S. 197–201 Ausgabe Sachsen-Anhalt, Brandenburg und Mecklenburg-Vorpommern

1 Ihr Ausbilder beauftragt Sie, im Lager des Betriebs Ordnung zu schaffen. Sie sind auch fast fertig, übersehen aber eine lose Fußbodenfliese, stürzen und brechen sich dabei das Sprunggelenk. Sie sind somit Opfer einer betriebsbedingten Gefahr geworden. Zuständig für die Schadensregulierung ist die **gesetzliche Unfallversicherung**.

a) Nennen Sie die Träger der gesetzlichen Unfallversicherung.

- ______________________
- ______________________
- ______________________

____

____

b) Nennen Sie einige Gruppen von Versicherten.

- ______________________
- ______________________
- ______________________
- ______________________

____

____

c) Ein Arbeitsunfall ist passiert. Was ist zu tun, um spätere Leistungsansprüche zu sichern?

- ______________________
- ______________________

____

____

d) Welche gesetzlichen Leistungen gewährt die Unfallversicherung?

- ______________________
- ______________________
- ______________________
- ______________________

____

2 Die Krankenversicherungsbeiträge sind für alle Krankenkassen einheitlich. Ergänzen Sie die fehlenden Angaben.

Der Arbeitgeberbeitrag beträgt: ______________________

Der Arbeitnehmerbeitrag beträgt: ______________________

Berechnen Sie für ein Bruttoentgelt von1480,00 € ______________________

– den Arbeitgeberanteil ______________________

– den Arbeitnehmeranteil: ______________________

S. 77–84 Ausgabe Niedersachsen	**Krankenversicherung** **Arbeitslosenversicherung**	S. 197–204 Ausgabe Sachsen-Anhalt, Brandenburg und Mecklenburg-Vorpommern
Name:	Klasse:	Datum:

1 Ein Freund von Ihnen hat am Wochenende einen Motorradunfall. Mit Schmerzen im Schulterbereich geht er zu seinem Hausarzt, der ihn für drei Tage arbeitsunfähig schreibt und ihm physiotherapeutische Massagen sowie ein Schmerzmittel verordnet. Nach zwei Tragen verstärken sich die Schmerzen, und ihr Freund muss wegen eines Schlüsselbeinbruchs im Krankenhaus operiert werden. Dem durch Komplikationen bedingten dreiwöchigen Krankenhausaufenthalt schließt sich eine vierwöchige Rehabilitationskur an. Welche Leistungen werden in der gesamten Zeit für Ihren Freund erbracht? Nennen Sie dazu auch den jeweiligen Umfang und den Leistungsträger.

Leistung	Leistungsträger	Umfang (100 % Übernahme oder mit Zuzahlung)
Arztbesuch	Krankenkasse	

2 Informieren Sie sich über die **Arbeitslosenversicherung** und ergänzen Sie die folgende Übersicht.

Träger: __________

Versicherungspflichtige: __________

Beitragssatz: __________

Leistungen:

Arbeitsförderungsmaßnahmen	Arbeitssicherungsmaßnahmen	Finanzielle Leistungen

3 Sie sind von Ihrem Unternehmen gekündigt worden. Welche Schritte müssen Sie zunächst unternehmen, um Ihren Anspruch auf Arbeitslosenunterstützung geltend machen zu können?

- __________
- __________

Arbeitslosenversicherung Rentenversicherung

1 Ein Facharbeiter ist in den letzten drei Jahren in einem Unternehmen versicherungspflichtig beschäftigt. Sein letztes pauschaliertes Nettoarbeitsentgelt beträgt 1000,– €/Monat. Dieser Betrieb geht zum Jahresende in Konkurs. Der Facharbeiter meldet sich zum 01.01. des darauffolgenden Jahres bei der zuständigen Arbeitsagentur arbeitslos.

a) Besteht für ihn ein Anspruch auf Arbeitslosenunterstützung? Begründen Sie Ihre Antwort.

____

b) Wie hoch ist ggf. sein Anspruch auf Arbeitslosenunterstützung pro Monat?

____

____

c) Für welchen Zeitraum wird ggf. die Arbeitslosenunterstützung gezahlt?

____

2 Sie werden als kinderloser, volljähriger Auszubildender unmittelbar nach der bestandenen Facharbeiterprüfung arbeitslos. Ihre Netto-Ausbildungsvergütung im letzten Ausbildungsjahr betrug 400,– €/Monat. In Ihrem erlernten Beruf hätten Sie im ersten Arbeitsjahr ein pauschaliertes Nettoarbeitsentgelt (wird vom Arbeitsamt errechnet) von 900,– €/Monat zur Verfügung gehabt.

a) Berechnen Sie die Höhe Ihres Arbeitslosengeldes pro Monat, wenn Ihnen 60 % der Hälfte des zu erwartenden pauschalierten Nettoarbeitsentgelts im ersten Arbeitsjahr zustehen.

____

b) Wie hoch wäre Ihr Arbeitslosengeld pro Monat, wenn Sie die Facharbeiterprüfung endgültig nicht bestanden hätten?

____

3 „Freu dich doch, von jetzt an kannst du ausschlafen, brauchst dich nicht mehr zur Arbeit zu quälen. Es war ja auch Zeit, dass die LVA deinem Antrag auf Erwerbsunfähigkeit nachgegeben hat." Die Kollegen haben die Gläser auf ihn angestoßen, ihm Gesundheit gewünscht und auf die Schultern geklopft. Von einem neuen Lebensabschnitt ist die Rede gewesen, von neuen Perspektiven der Selbstverwirklichung. Dabei würde er gerne weiter zur Arbeit gehen; er war doch gerade erst 55 Jahre geworden. Sogar eine weniger angesehene und schlechter bezahlte Arbeit hätte er akzeptiert. Aber beide Operationen hatten wenig gebracht.
Zwar konnte er jetzt wieder einigermaßen schmerzfrei schlafen, aber längeres Sitzen oder Stehen bereitete ihm trotz des neuen Hüftgelenks immer noch starke Schmerzen. Von Kindheit an hatte ihm das kürzere, rechte Bein Probleme bereitet. Dass es einmal so schlimm werden wird, hat er nicht gedacht. Auf der anderen Seite hat er ja auch lang genug in seine **Rentenversicherung** einbezahlt.

a) Warum geht der Versicherte im Fallbeispiel in Rente?

____

b) Welche weiteren Anlässe, in Rente zu gehen, sind Ihnen bekannt?

____

____

c) Stellen Sie fest, welche weiteren Leistungen von der Rentenversicherung erbracht werden.

____

____

____

____

S. 77–88 Ausgabe Niedersachsen	Pflegeversicherung	S. 197–208 Ausgabe Sachsen-Anhalt, Brandenburg und Mecklenburg-Vorpommern

Name: Klasse: Datum:

1 Ein Ihnen bekannter 18-jähriger Auszubildender, der erst seit Kurzem seinen Führerschein hat, bekommt von seinem Vater den neuen BMW geliehen. In seiner Euphorie rast er durch die Gegend, verliert aber irgendwann in einer Kurve die Kontrolle über das Fahrzeug. Die Fahrt endet an einem Baum. Resultat: Querschnittslähmung des Jugendlichen. Er bleibt, weil auch andere Schädigungen eingetreten sind, ein lebenslanger Pflegefall.

a) Ermitteln Sie, welche Leistungen der Jugendliche von der **Pflegeversicherung** erwarten kann.

b) Erörtern Sie, wie und durch wen diese Versicherung finanziert wird.

c) Erkundigen Sie sich bei Ihrer Krankenkasse, wie ein Antrag auf Leistungen der Pflegeversicherung gestellt werden muss.

2 Geben Sie an, welche Sozialversicherung bei den folgenden Fällen zuständig ist.

Fall	Versicherung
a) Ärztliche Behandlung und Krankenhausaufenthalt nach Skiunfall.	
b) Ein arbeitslos gewordener Angestellter beantragt Gründungszuschuss.	
c) Hauterkrankung einer Friseurin, entstanden durch ätzende Stoffe am Arbeitsplatz.	
d) Hinterbliebenenrente für die Witwe eines Rentners.	
e) Heimunterbringung eines pflegebedürftigen Jugendlichen nach einem schweren Unfall in der Arbeitszeit.	
h) Berufsberatung eines Schulabgängers.	
i) Kur für einen Arbeitnehmer nach schwerer Krankheit zur Vermeidung der Erwerbsunfähigkeit.	
j) Umschulung eines Facharbeiters nach Langzeitarbeitslosigkeit.	
k) Pflegegeld für die häusliche Betreuung des Großvaters.	

Sozialversicherungen im Überblick

1 Vervollständigen Sie die Übersicht zur Sozialversicherung.

Arten	Kranken versicherung (KV)	Unfall-versicherung (UV)	Arbeitslosen-versicherung (AV)	Renten-versicherung (RV)	Pflege-versicherung (PV)
Zweck	Schutz des Arbeitnehmers und seiner Familie bei Krankheit	Unfallverhütung sowie Schutz bei Arbeitsunfällen und Berufskrankheiten			Soziale Sicherung bei Pflegebedürftigkeit
Träger			Bundesagentur für Arbeit	Deutsche Rentenversicherung Bund, Knappschaft u. a.	Pflegekassen der Krankenkassen
Versicherungs-pflichtige	Alle Arbeitnehmer (bis zur BBG) und Azubis (ab Geringfügigkeitsgrenze von 325 €)			Wie KV und Studenten	
Beitragsbemessungsgrenze (BBG) (2010)	Bis 3.675,00 € monatliches Bruttoarbeitsentgelt	Entfällt		Wie AV	Wie KV
Beitragszahlung	Arbeitgeber 7 % Arbeitnehmer 7 % + Zusatzbeitrag 0,9 % für Zahnersatz und Krankengeld	100 % der Arbeitgeber			
Beitragssatz (2010)		Nach Unfallgefahren	2,8 % vom Bruttoarbeitsentgelt	19,9 % vom Bruttoarbeitsentgelt	1,95 % vom Bruttoarbeitsentgelt (+ 0,25 % Arbeitnehmeranteil, wenn älter als 23 Jahre und Kinderlos)
Leistungen					

S. 92–93 Ausgabe Niedersachsen	**Individualversicherungen**	S. 212–213 Ausgabe Sachsen-Anhalt, Brandenburg und Mecklenburg-Vorpommern
Name:	Klasse:	Datum:

1 Neben den Risiken des Arbeitslebens gibt es auch Risiken im privaten Bereich, die uns großen materiellen Schaden zufügen können. Kreuzen Sie an: In welchen der folgenden Fälle hilft die gesetzliche Sozialversicherung nicht?

- ☐ Ein Hagelschauer vernichtet die Ernte eines Landwirts.
- ☐ Der Autofahrer Willi O. will eine Unglücksstelle sichern und wird dabei angefahren, sodass er mehrere Wochen nicht zur Arbeit fahren kann.
- ☐ Beim Verlassen ihres Büros rutscht die Angestellte Ursula H. aus und bricht sich das Bein.
- ☐ Eine Sechsjährige zerschlägt in einem Porzellangeschäft eine wertvolle Vase.
- ☐ Polizeikommissarin Ute W. kann aufgrund eines Bandscheibenleidens ihren Beruf nicht mehr ausüben.
- ☐ Einem Autohändler wird ein Luxuswagen gestohlen.
- ☐ Unternehmer Fritz H. ist dem Konkurrenzkampf nicht mehr gewachsen und gibt sein Geschäft auf.

2

1) „Streiten zum Nulltarif“

2) „Kasse oder erster Klasse?“

3) „Damit Ihre Familie weiterleben kann!“

4) „Wiederaufbau gesichert!“

5) „Nothelfer bei Tag und Nacht!“

6) „Ihre Unachtsamkeit kostet Sie nichts!“

Werbeslogans kennzeichnen auch den Markt der freiwilligen Versicherungen. Für welche Versicherungsart wird jeweils geworben?

1) ______

2) ______

3) ______

4) ______

5) ______

6) ______

3 Kennzeichnen Sie die grundsätzlichen Unterschiede zwischen den Privatversicherungen und der Sozialversicherung.

	Privatversicherung	Sozialversicherung
Rechtliche Grundlage		
Leistung		
Beitragshöhe		

S. 248 Ausgabe Niedersachsen	**Staat**	S. 216–219 Ausgabe Sachsen-Anhalt, Brandenburg und Mecklenburg-Vorpommern

1 a) Was bedeutet für Sie Demokratie?

____

____

____

b) Diskutieren bzw. vergleichen Sie die gefundenen Begriffe in der Klasse.

____

____

____

2 Stellen Sie die Wesensmerkmale von Demokratie und Diktatur einander gegenüber.

Demokratie	Diktatur

3 Im folgenden Schema werden Ereignisse beschrieben, die den Menschenrechten zur Geltung verholfen haben. Setzen Sie das Land, in dem die Ereignisse stattgefunden haben, sowie die dazugehörige Jahreszahl in das Schema ein.

Ereignis	Land	Jahr
Die Habeas-Corpus-Akte wird zum Schutz der persönlichen Freiheit erlassen. Sie legt die Bedingungen für eine Verhaftung genau fest, sodass jegliche Willkür ausgeschlossen ist.		
In der Virginia Bill of Rights sind zum ersten Mal die Menschenrechte schriftlich festgehalten: „Alle Menschen sind von Natur aus in gleicher Weise frei und unabhängig ...“, heißt es dort u. a.		
Die Vertretung des Bürgertums, der sogenannte „Dritte Stand“, bezeichnet sich als Nationalversammlung und verkündet die Rechte des Menschen und des Bürgers in 17 Artikeln.		
Die Nationalversammlung, zusammengetreten in der Paulskirche, hat als erste Aufgabe die Feststellung der Grundrechte als Grundlage der politischen Einheit. Sie werden noch vor Jahresende vorgelegt.		
Da die Anerkennung der allen Mitgliedern der menschlichen Familie innewohnenden Würde und ihrer gleichen und unveräußerlichen Rechte die Grundlage der Freiheit, der Gerechtigkeit und des Friedens in der Welt bildet, ... verkündet die Generalversammlung die vorliegende Allgemeine Erklärung der Menschenrechte ...		

S. 251, 252
Ausgabe Niedersachsen

Die Menschenrechte

S. 219
Ausgabe Sachsen-Anhalt, Brandenburg und Mecklenburg-Vorpommern

Name: Klasse: Datum:

1 Erläutern Sie die Karikatur.

Karikatur: Mester/C., wwwct.net

2 Erstellen Sie eine Tabelle über die Länder, in denen grobe Menschenrechtsverletzungen an der Tagesordnung sind.

Land	Ursachen des Konflikts	Möglichkeiten der Lösung

3 Welche wichtigen Menschenrechtserklärungen sind in der „Allgemeinen Erklärung der Menschenrechte der UN" vom 10. Dezember 1948 enthalten?

Demokratische Grundwerte

1 Recherchieren Sie in der folgenden Gegenüberstellung die wichtigsten Unterschiede zwischen Grundgesetz und Weimarer Verfassung und diskutieren Sie darüber.

Grundgesetz	Weimarer Verfassung

2 Kreuzen Sie die richtigen Aussagen an.

a) Grundrechte sind:
- ☐ alle Artikel des Grundgesetzes
- ☐ Eigentumsrechte von Grund und Boden
- ☐ die Artikel 2 bis 19 des Grundgesetzes
- ☐ das Recht auf Arbeit
- ☐ unser Wahlrecht

b) Das Bundesverfassungsgericht hat seinen Sitz in:
- ☐ Bonn
- ☐ Frankfurt
- ☐ Karlsruhe
- ☐ Berlin

(...) Der einzelne Bürger kann sich mit einer Verfassungsbeschwerde an das Bundesverfassungsgericht wenden, wenn er sich durch die öffentliche Gewalt (Gesetze, Gerichtsurteile oder Verwaltungsakte) in seinen Grundrechten verletzt fühlt. Die Verfassungsbeschwerde ist jedoch nur dann zulässig, wenn wegen der Grundrechtsverletzung jeder andere mögliche Rechtsweg (etwa vor dem Verwaltungsgericht oder dem Sozialgericht) ausgeschöpft und der Beschwerdeführer unmittelbar betroffen ist. Stellt das Bundesverfassungsgericht fest, dass die unangefochtene Entscheidung auf einer Gesetzesbestimmung beruht, die grundgesetzwidrig ist, so erklärt es die Bestimmung für nichtig. Sie darf dann nicht mehr angewendet werden.

Goyke, Ernst: Parlaments-ABC, C. H. Beck Verlag, München 1982, S. 30

c) Wann kann der einzelne Bürger beim Bundesverfassungsgericht klagen?

d) Welche Aufgaben (Funktionen) haben die Grundrechte?

S. 254–255 Ausgabe Niedersachsen	**Demokratische Grundwerte**	S. 220–222 Ausgabe Sachsen-Anhalt, Brandenburg und Mecklenburg-Vorpommern
Name:	Klasse:	Datum:

1

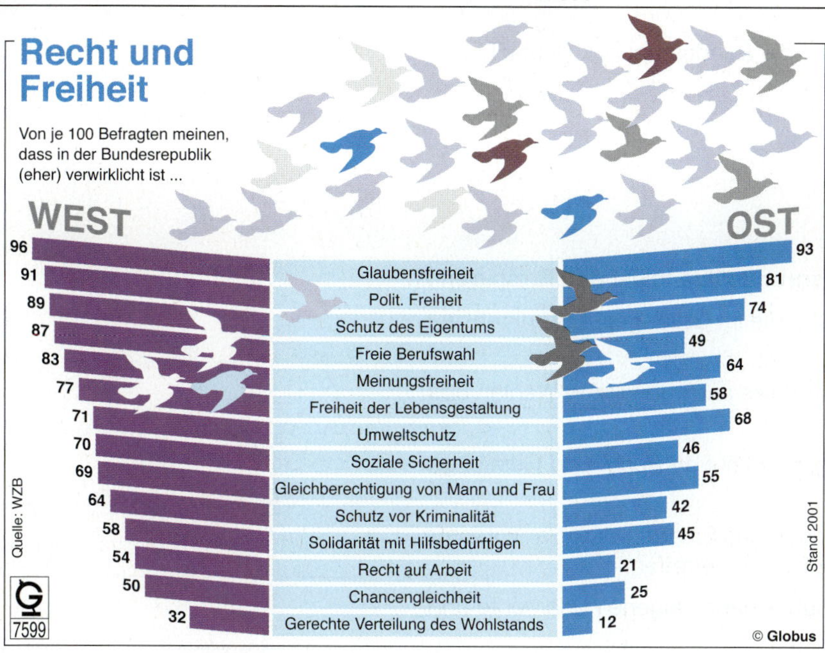

a) Ermitteln Sie mithilfe des Grundgesetzes die Artikel, die die im Schaubild angegebenen Grundrechte regeln und notieren Sie diese.

b) Werten Sie das Schaubild aus und finden Sie innerhalb der Gruppe Gründe, die unterschiedliche Auffassungen bei den Bürgern in Ost und West entstehen lassen.

1 Nach dem Grundgesetz ist die Bundesrepublik Deutschland

- ein demokratischer Staat,
- ein sozialer Staat,
- ein Bundesstaat,
- ein Rechtsstaat.

Ordnen Sie diese **Verfassungsgrundsätze** folgenden Beispielen zu:

a) Der Staat achtet und schützt die im Grundgesetz konkretisierten Menschenrechte. ____________________

b) Alle Staatsgewalt geht vom Volke aus und wird in Wahlen und Abstimmungen ausgeübt. ____________________

c) Die Richter sind unabhängig und nur an Recht und Gesetz gebunden. ____________________

d) Durch gesetzliche Regelungen des Staates wird u. a. Vorsorge für Krankheit und Alter der Bürger getroffen. ____________________

e) Die Länder der Bundesrepublik haben eigene Parlamente und Regierungen. ____________________

f) Bildung und Ausübung einer Opposition ist ein verfassungsmäßiges Recht. ____________________

g) Durch Zahlung von Kindergeld unterstützt der Staat Familien mit Kindern. ____________________

2 Die staatlichen Teilgewalten sind an die Grundrechte als unmittelbar geltendes Recht gebunden (vergleiche Art. 1 GG und „Gemeinsam handeln").

a) Nennen Sie die Teilgewalten.

Deutsche Bezeichnung	Fremdwort
____________________	____________________
____________________	____________________
____________________	____________________

b) Erklären Sie die Bestimmung der Verfassung, dass die Grundrechte unmittelbar geltendes Recht sind.

____
____
____
____
____

3 Wo finden Sie in der Verfassung Hinweise dafür, dass der Staat Minderheiten und hilfsbedürftigen Gruppen helfen soll?

____
____
____

Name: Klasse: Datum:

1

Skinheads zu lebenslanger Haft verurteilt

Sozialhilfeempfänger wurde wegen 5,50 € ermordet

Der 23-jährige Michael V. trägt bei der Urteilsverkündung zu lebenslanger Haft wegen Mordes wieder Glatze. Zu Prozessbeginn konnte man die Tätowierung auf seinem Kopf durch die in der U-Haft gewachsenen Haare nicht erkennen. Von der Stirn bis zum Nacken sind Totenköpfe tatowiert und die Buchstaben „ACAB“ – was heißen soll „All Cops are Bastards“. Das Wort Skinhead ist im Nacken zu sehen. Ungerührt nimmt er das Urteil „lebenslang“ hin.
Mit so einer Glatze weint man nicht, bricht nicht zusammen, denkt nicht nach, sondern fühlt sich einfach nur stark.

Deckwerth, Sabine: Skinheads zu lebenslanger Haft verurteilt, in Berliner Zeitung vom 22.04.2000 (gekürzt)

Tathergang

Am 6. Oktober 1999 trafen Michael V., Carsten U. und zwei weitere Angeklagte einen 38-jährigen Sozialhilfeempfänger zufällig an einer Tankstelle. Grundlos schlugen sie ihn zusammen, traten mit Springerstiefeln auf ihn ein, raubten ihm Tabak, Zigarettenpapier, Geld und ließen ihn liegen. Nach einiger Zeit kamen sie wieder und brachten ihn um.

Biografien

Carsten U. fühlte sich zu Michael V. hingezogen. Die „Erfahrungen“ und die Stärke des Älteren hätten ihn beeindruckt, sagte er vor Gericht. Die Eltern von Carsten U. sind Wissenschaftler. Sein großer Bruder tritt in ihre Fußstapfen, Carsten U. schaffte es nicht. Der Bruder machte das Abitur mit einem Notendurchschnitt von 1,1 und studiert, während Carsten U. wegen Lese- und Rechtschreibschwäche eine Sonderschule besuchte und später eine Maurerlehre begann. Lernen machte ihm keinen Spaß, dafür aber Sport. Carsten U. hat es mit Judo bis zum Deutschen Jugendmeister geschafft. Zu Hause brachte ihm das wenig Anerkennung ein. „Die“, sagte der Gutachter, „fand er erst in der Skinhead-Szene.“

Michael V. wuchs in Kleinmachnow mit sechs Geschwistern auf. Der Vater war Gelegenheitsarbeiter, die Mutter Hausfrau. Er war 14, als er sich das erste Mal eine Glatze schor und eine Bomberjacke anzog.
Mit 14 trank er auch schon Alkohol in Mengen. Sein Körper weist viele Narben auf, die von Schlägereien stammen. Der Gutachter sagte, Michael V. sei impulsiv und nicht in der Lage, sein Leben zu planen.
Er brachte keine Lehre zu Ende. Seine Freundinnen kamen und gingen. Er schlug sie, nahm Hasch und Kokain. Mit 17 saß er das erste, mit 20 das zweite Mal wegen Körperverletzung in Haft.

a) Was veranlasst junge Menschen, derart brutal und gewalttätig gegen einen Mitbürger vorzugehen? Unterstreichen Sie die in den Biografien genannten Ursachen.

b) Unterbreiten Sie einen begründeten Vorschlag, wie diese Tat zu verhindern gewesen wäre.

1 Erklären Sie den Begriff „Antisemitismus“.

____

____

____

2 Was hat Luther dazu veranlasst, die Christen gegen die Juden aufzuhetzen, und somit eine frühe Form des Antisemitismus zu prägen?

____

____

____

3 Warum ist es unsinnig, die Juden als „Rasse“ zu bezeichnen?

____

____

____

4 Nennen Sie den Unterschied zwischen „Religionsjuden“ und „getauften Juden“.

- Religionsjuden: ______________________________

____

____

- Getaufte Juden: ______________________________

____

____

5 Erkundigen Sie sich in Ihrer Gemeinde, ob es vor dem Zweiten Weltkrieg in Ihrer Stadt, in Ihrem Dorf Menschen jüdischen Glaubens gab. Versuchen Sie, das Schicksal dieser Menschen zu erforschen und erkundigen Sie sich nach heute in Ihrem Wohnumfeld lebenden Menschen dieses Glaubens.

____

____

____

6 Was verbirgt sich hinter dem Gesetz „zur Verhinderung der Arbeitslosigkeit“ vom 1. Juni 1933? Dieses Gesetz hatte folgende Ziele:

____

____

____

____

____

____

	Die Zerstörung der Demokratie am Beispiel Nationalsozialismus	**S. 228–236** Ausgabe Sachsen-Anhalt, Brandenburg und Mecklenburg-Vorpommern
Name:	Klasse:	Datum:

1 Warum haben sich so viele Deutsche der nationalsozialistischen Idee und damit Hitler angeschlossen? Worin lag der Reiz für die aktive Beteiligung am System? Unterstreichen Sie wichtige Passagen im folgenden Text.

MASSEN „IM GRIFF"

Der deutsche Faschismus beginnt schon vor der Machtübernahme mit dem Aufbau eines Organisationssystems, das eine große Anzahl von Mitwirkenden benötigt, die bis in die kleinste Zelle jede Aktivität organisieren.

Hunderttausende werden mit Ämtern betraut, erhalten das Gefühl, Verantwortung zu tragen für das große Ganze und unentbehrlich zu sein für den Aufbau des neuen Reiches. So bekommen plötzlich Menschen Befehlskompetenzen (Blockwart, Luftschutzwart, Politischer Leiter etc.), die dem politischen Geschehen bisher unbeteiligt gegenübergestanden haben, der faschistische Staat weckt ihren Idealismus und ihre Opferbereitschaft. Der Anreiz zur Mitarbeit wird durch Posten und Aufstiegschancen, die das System dem „kleinen Mann" bietet, erhöht.

MASSEN TOTAL EINFLUSSLOS

Die innere Struktur der Organisation richtet sich streng nach dem Führerprinzip. Befehle der politischen Führung gelangen bis in die untersten „Ränge", kritische Tendenzen von unten kommen nicht zum Zuge. Das System bietet dennoch starke Reize, weil die Menschen an der vielgliedrigen Hierarchie aktiv beteiligt sind und als Repräsentanten der Autorität auftreten können. Die Unterwerfung unter die allgewaltige Autorität wird als Befriedigung empfunden. Diese Taktik verdeutlicht auch das folgende Zitat von Adolf Hitler.

„Es war notwendig, dem deutschen Volk jenes große Gefühl der Gemeinschaft zu geben, so wie der einzelne Soldat nichts ist, aber alles im Rahmen seiner Kompanie, seines Bataillons, seines Regiments, seiner Division, und damit im Rahmen der Armee, so ist auch der einzelne Volksgenosse nichts, aber alles im Rahmen seiner Volksgemeinschaft. Hier wird persönlich aus dem schwachen Willen von 60 Millionen Einzelner ein gigantischer, gewaltiger, zusammengeballter Wille aller. Das muss jedem Volksgenossen sichtbar werden, und deshalb hat auch unsere Bewegung dieses ganz besondere Gepräge bekommen, deshalb diese Massenkundgebungen, diese Massendemonstrationen, diese Generalappelle der Nation."

2 Was beabsichtigt die faschistische Ideologie heute und in der Vergangenheit bei ihren Mitläufern zu erreichen?

____

____

____

3 Zählen Sie mindestens drei Gründe auf, warum Adolf Hitler mit seinen antisemitischen Parolen in Deutschland so erfolgreich war.

1. ______________________________
2. ______________________________
3. ______________________________
4. ______________________________

4 Mit der „Notverordnung" und dem „Ermächtigungsgesetz" wurden wirkungsvolle Instrumente geschaffen, um die Weimarer Reichsverfassung außer Kraft zu setzen und eine Diktatur zu ermöglichen. Warum ist es nicht möglich, in der Bundesrepublik Deutschland eine Diktatur zu errichten?
Begründen Sie Ihre Antwort.
Beziehen Sie in Ihre Überlegungen das Grundgesetz und die Materialien des Buches mit ein.

____

____

____

Die Zerstörung der Demokratie am Beispiel Nationalsozialismus

1 Welchen Sinn hatte es, im Nationalsozialismus, den „gleichgeschalteten Staatsbürger“ zu schaffen?

2 In der Zeit des Nationalsozialismus gab es ein Leitmotiv, das von den „Führenden“ sehr oft verwendet wurde: „Du bist nichts, Dein Volk ist alles!“

3

Rechtsstaatlichkeit: Nicht der Stärkere kann im Rechtsstaat sein Recht erzwingen. Die Ausübung von Gewalt bleibt allein dem Staat überlassen (Polizei, Gericht, Armee). Die staatliche Gewalt ist jedoch an geltende Gesetze und das Grundgesetz gebunden, damit der Staat nicht willkürlich Gewalt gegen Bürger einsetzen kann. Der Bürger kann sich bei Verstößen an das Verwaltungsgericht wenden. Die Rechtsstaatlichkeit sichert Eigentum und Leben des Bürgers.

Autorentext, nach: Nohlen, Dieter (Hrsg.): Wörterbuch Staat und Politik, Bonn, Bundeszentrale für politische Bildung, 1991

Nachfolgend sind Beispiele aus der NS-Zeit genannt, die Sie im Hinblick auf die Rechtsstaatlichkeit prüfen und diskutieren sollen. Vergleichen Sie mit dem Grundgesetz.

a) Führerentscheidungen, die in Form von Gesetzen oder Verordnungen verkündet werden, sind von keinem Richter zu prüfen.
Der Richter ist an die Entscheidungen des „Führers“ Adolf Hitler gebunden.

b) 1936 verkündete Hans Frank (Reichsrechtsführer) neue Leitsätze für das Rechtswesen:
„Grundlage der Auslegung aller Rechtsquellen ist die nationalsozialistische Weltanschauung, wie sie insbesondere in den Parteiprogrammen und den Ausführungen unseres Führers ihren Ausdruck findet.“

c) Die geheime Staatspolizei (Gestapo) wird 1936 mit einem Sonderrecht versehen. Ihr Status als Sonderpolizeibehörde ermöglicht es, dass die von ihr getroffenen Maßnahmen nicht verwaltungsrechtlich überprüft werden müssen. So kann diese Behörde verhaften, foltern, KZ einrichten und Eigentum beschlagnahmen, ohne dass die Betroffenen eine Möglichkeit haben, sich zu wehren.

S. 267–269 Ausgabe Niedersachsen	**Politische Beteiligung und Willensbildung**	S. 253–259 Ausgabe Sachsen-Anhalt, Brandenburg und Mecklenburg-Vorpommern
Name:	Klasse:	Datum:

1 Wie lässt sich Ihrer Meinung nach das Interesse von Jugendlichen an der Politik verbessern? Entwickeln Sie zu jedem der folgenden Punkte Vorschläge.

- **Schiefes Bild von der Politik**
  Das Bild, das Jugendliche von der Politik und von den Politikvertretern haben, ist recht einheitlich. Danach sind Politik und Politiker meilenweit von den Interessen und den Bedürfnissen von Jugendlichen entfernt. Nach Meinung der Jugendlichen sind Politiker an der eigenen Besitzstandswahrung interessiert, durch Sachzwänge gefesselt und von Machtansprüchen festgelegt.

  Ihr Verbesserungsvorschlag: ______________________________

- **Politik ist langweilig.**
  Politik gilt den meisten Jugendlichen als trocken, langweilig, komplex, abstrakt, unüberschaubar, ohne klare Orientierung und Werte, also mit großer Beliebigkeit. Politiker erscheinen häufig unglaubwürdig, interessengeleitet, trocken, unehrlich, korrupt und vom Alltagsleben „Lichtjahre entfernt". Die Jugendlichen wollen Spaß, und Politik kann keinen Spaß machen. Spaß ist für Jugendliche ein hochbesetzter Wert, der mit Lebendigkeit, Gefühl, Erlebnis und Intensität verbunden wird.

  Ihr Verbesserungsvorschlag: ______________________________

- **Politik kann keine Probleme lösen.**
  Jugendliche sehen nicht, dass durch die Politik die derzeitigen Probleme wie Massenarbeitslosigkeit, Lehrstellenmangel, Sozialabbau, Verarmung der Bevölkerung wirklich angepackt werden und auch angemessene Lösungen angeboten werden. Für die Jugendlichen versagt das politische System diesbezüglich total.

  Ihr Verbesserungsvorschlag: ______________________________

- **Die Parteien werden nicht wahrgenommen.**
  Politiker und die politischen Parteien werden wenig differenziert wahrgenommen. Für die Jugendlichen scheint die Parteienlandschaft keine Unterschiede aufzuweisen. Parteiprogramme können Jugendliche nicht unterscheiden. Parteienklüngel und nicht eingehaltene Wahlversprechen bestimmen bei Jugendlichen das Politikbild. Undurchschaubare Gegnerschaften und inhaltslose Reden im Bundestag produzieren bei Jugendlichen nur Desinteresse.

  Ihr Verbesserungsvorschlag: ______________________________

- **Die Politik wird von der Wirtschaft dominiert.**
  Politiker und Parteien erscheinen vielfach als Erfüllungsgehilfen der Wirtschaft und Industrie und von daher über alle Parteigrenzen hinweg als austauschbar.

  Ihr Verbesserungsvorschlag: ______________________________

- **Jugendliche und Demokratie**
  Die Demokratie wird von den Jugendlichen akzeptiert als Staatsform, die ihrer Meinung nach für Meinungsfreiheit und Wirtschaftsfreiheit steht. Die Art der erlebten Demokratie wird allerdings abgelehnt, weil Geld und Erfolg als Maßstab aller Dinge dominieren. Die Ellenbogengesellschaft wird als menschenverachtend kritisiert.

  Ihr Verbesserungsvorschlag: ______________________________

Quelle: Einstellungen Jugendlicher zu Politik nach „Jugend 2000" – 13. Shell Jugendstudie, Dt. Shell AG (Hg.), Konzeption und Durchführung: Arthur Fischer, Yvonne Fritzsch, Werner Fuus-Heinritz, Richard Münchmeier, vgl. Leske + Budrich, Wiesbaden 2000

1 Gültig oder ungültig? Beurteilen Sie die folgenden Stimmzettel zur Bundestagswahl. Kreuzen Sie an.

Gültig:		Gültig:		Gültig:		Gültig:		Gültig:		Gültig:	
Ungültig:		Ungültig:		Ungültig:		Ungültig:		Ungültig:		Ungültig:	

2 Kreuzen Sie an, ob es sich Ihrer Meinung nach bei den folgenden Argumenten um Vor- (**V**) oder Nachteile (**N**) der Mehrheits- bzw. Verhältniswahl handelt.

Mehrheitswahl	**V**	**N**
Die Wähler wählen Persönlichkeiten ihres Vertrauens.	☐	☐
Es wird ein Zwei-Parteien-System begünstigt.	☐	☐
Die Stimmen der unterlegenen Kandidaten gehen verloren.	☐	☐
Die Kandidaten suchen Kontakt zu ihren Wählern.	☐	☐
Nur zugkräftige Kandidaten setzen sich beim Wähler durch.	☐	☐

Verhältniswahl	**V**	**N**
Alle Stimmen erlangen politische Wirksamkeit.	☐	☐
Fachleute können über günstige Listenplätze ins Parlament gelangen.	☐	☐
Häufig sind Regierungskoalitionen notwendig.	☐	☐
Das Parlament ist Spiegelbild der Wählerschaft.	☐	☐
Parteizersplitterung erschwert die Regierungsbildung.	☐	☐

3 Kennzeichnen Sie Merkmale einer politischen Partei mit **P** und die einer Bürgerinitiative mit **B**.

Parteien bzw. Bürgerinitiativen

a) sind Gründungen auf Dauer, ☐
b) suchen politische Einzelziele durchzusetzen, ☐
c) besitzen eine feste Organisation, ☐
d) suchen das gesellschaftliche Leben insgesamt zu gestalten, ☐
e) haben keine feste Anhängerschaft, ☐
f) sind in ihren Aktivitäten regional begrenzt ☐

4 Welche Aussagen passen zusammen? Ergänzen Sie die fehlenden Verbindungen zwischen den links und den rechts angeordneten Satzteilen.

In einem Staat mit

a) einer Vielzahl von Parteien

b) einigen wenigen großen Volksparteien

(1) fällt die Regierungsbildung nach der Wahl relativ schwer.
(2) gibt es viele Nichtwähler.
(3) gibt es vergleichsweise wenig Protestwähler.
(4) weisen die Parteien eine ziemlich große politische Bandbreite auf.
(5) wird die Regierung während ihrer 4-jährigen Amtszeit selten gestürzt.

S. 274–291 Ausgabe Niedersachsen	**Gewaltenteilung**	**S. 269–281** Ausgabe Sachsen-Anhalt, Brandenburg und Mecklenburg-Vorpommern
Name:	Klasse:	Datum:

1 Setzen Sie die Staatsorgane des Bundes in die Felder ein. Erläutern Sie die Zusammenhänge.

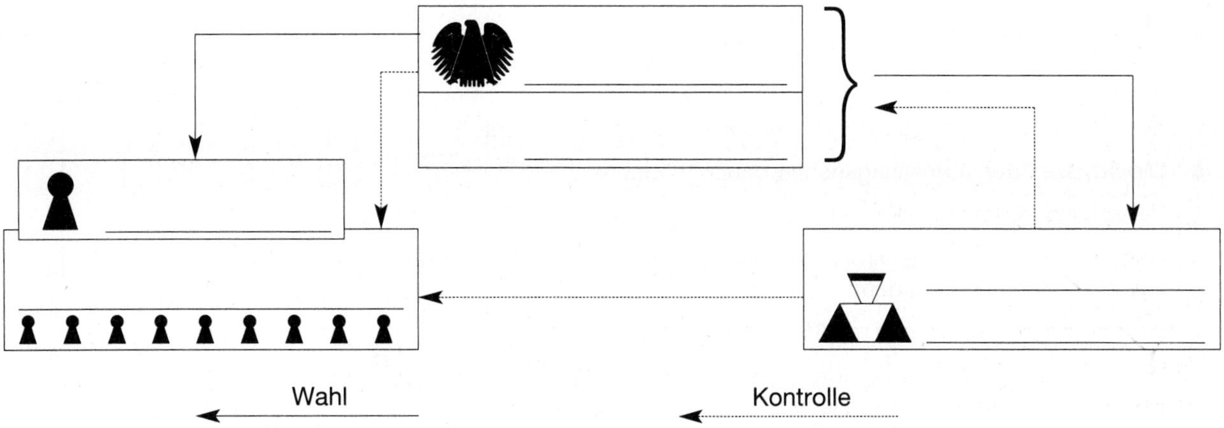

____

____

____

____

____

____

2 Bestimmen Sie die richtige Erklärung für den Begriff „Fraktion".

	richtig	falsch
Zusammenschluss von zwei oder mehr Parteien zum Zweck der Regierungsbildung	☐	☐
Führungsmannschaft einer Partei	☐	☐
Bezeichnung für den politischen Gegner im Parlament	☐	☐
Zusammenschluss von Abgeordneten einer oder mehrerer Parteien innerhalb des Parlaments	☐	☐
Gruppe von Abgeordneten verschiedener Parteien, die als Sachverständige politische Probleme lösen wollen	☐	☐

a) Kreuzen Sie die Merkmale des „freien Mandats" an.

- Abgeordnete sind an Weisungen der Wähler gebunden. ☐
- Abgeordnete sind nur ihrem Gewissen verantwortlich. ☐
- Abgeordnete sind jederzeit abrufbar. ☐
- Abgeordnete sind Vertreter des ganzen Volkes. ☐
- Abgeordnete sind nicht an Weisungen gebunden. ☐
- Abgeordnete sind ihren Wählern verantwortlich. ☐

b) Wie ist Ihre Meinung zur gängigen Praxis der „Fraktionsdisziplin" im Gegensatz zum „freien" Mandat?

____

____

____

____

1 Entscheiden Sie, ob die folgenden Aussagen „richtig“ oder „falsch“ sind.

	richtig	falsch
Bundesverfassungsrichter dürfen keiner Partei angehören.	☐	☐
Das Bundesverfassungsgericht besteht aus 18 Richtern.	☐	☐
Das Bundesverfassungsgericht kann das Grundgesetz ändern.	☐	☐
Die Amtszeit der Verfassungsrichter dauert 12 Jahre.	☐	☐
Verfassungsrichter müssen mindestens 35 Jahre alt sein.	☐	☐
Das Bundesverfassungsgericht entscheidet auch über Streitigkeiten zwischen Bund und Ländern.	☐	☐
Verfassungsrichter werden mit 65 Jahren pensioniert.	☐	☐
Der Bundesrat wählt mit Zweidrittelmehrheit die Hälfte der Richter eines Senats des Bundesverfassungsgerichtes.	☐	☐
Nur das Bundesverfassungsgericht kann Parteien verbieten.	☐	☐
Nur Bundestagsabgeordnete können sich mit einer Verfassungsbeschwerde an das Bundesverfassungsgericht wenden.	☐	☐
Das Bundesverfassungsgericht ist ein unabhängiger Gerichtshof des Bundes.	☐	☐
Ein Drittel der Richter wird durch Los bestimmt.	☐	☐
Verfassungsrichter werden vom Bundespräsidenten ernannt.	☐	☐
Man kann gleichzeitig Minister und Richter am Bundesverfassungsgericht sein.	☐	☐
Eines der Prinzipien der freiheitlich-demokratischen Grundordnung ist die Gewaltenteilung.	☐	☐

2 Ordnen Sie den folgenden Fällen die zuständigen Gerichte zu.

Gerichte: Amtsgericht, Arbeitsgericht, Sozialgericht, Verwaltungsgericht, Finanzgericht, Bundesverfassungsgericht

a) Eine Schülerin der Fachoberschule hat die Abschlussprüfung nicht bestanden. Sie glaubt, dass sie nicht gerecht beurteilt worden ist und will klagen.

____

b) Der Autohändler M. will den fälligen Restkaufpreis für einen Pkw in Höhe von 3.000,– € einklagen.

____

c) Der Facharbeiter Lothar Koch „geht in Rente“. Bei der ersten Rentenzahlung stellt er fest, dass zu wenig gezahlt worden ist. Weil die Landesversicherungsanstalt eine Nachzahlung verweigert, will Koch klagen.

____

d) Zwischen einigen Bundesländern im Bundesrat und der Bundesregierung entsteht ein Streit über die Frage, ob ein vom Bundestag verabschiedetes Gesetz im Bundesrat zustimmungsbedürftig ist oder nicht. Die Länder wollen eine Entscheidung durch Klage herbeiführen.

____

e) Der Angestellten Renate Mehlich ist gekündigt worden. Die Kündigung ist nach Renates Meinung sozial ungerechtfertigt. Deshalb will sie Klage erheben.

____

f) Der Einspruch des Arztes Dr. Wiedemann gegen seinen Einkommenssteuerbescheid wurde vom Finanzamt zurückgewiesen. Dr. Wiedemann fühlt sich im Recht und will klagen.

____

S. 274–291 Ausgabe Niedersachsen	Gewaltenteilung	S. 269–285 Ausgabe Sachsen-Anhalt, Brandenburg und Mecklenburg-Vorpommern
Name:	Klasse:	Datum:

1 Ordnen Sie folgende Begriffe den Sätzen zu.

1. Nationalhymne	2. Grundgesetz	3. Präambel	4. Parteien
5. Landtag	6. Landtagswahl	7. Bundesrat	8. Koalition
9. Fraktion	10. Bundestag	11. MdB	12. Diäten
13. Bundeskanzler	14. Zweitstimme	15. Bundesstaat	16. Bundesversammlung
17. Bundesverfassungsgericht	18. Verfassungsbeschwerde	19. Konstruktives Misstrauensvotum	20. Ministerpräsident

a) Der Bundestag wählt mit der Mehrheit seiner Mitglieder einen anderen Bundeskanzler. ☐

b) Berufsbezeichnung für die auf Zeit bestimmten Abgeordneten des Bundestages. ☐

c) Zwei oder mehr Parteien bilden eine Regierung. ☐

d) Feierliche Erklärung als Einleitung einer (Verfassungs-)Urkunde oder eines Staatsvertrags. ☐

e) Volksvertretung der Bundesrepublik Deutschland, gewählt auf vier Jahre. ☐

f) „Einigkeit und Recht und Freiheit ...“ ☐

g) Die vorläufige Verfassung der Bundesrepublik Deutschland trat am 23. Mai 1949 in Kraft. ☐

h) Es ist die wichtigste Einrichtung, wenn es um Grundrechte in unserem Staat geht. ☐

i) Wählt alle fünf Jahre den Bundespräsidenten. ☐

j) Mit ihr kann sich jeder Bürger an das Bundesverfassungsgericht wenden. ☐

k) Er wird gewählt, beruft seine Minister, bestimmt die Richtlinien der Politik. ☐

l) Er bestimmt die Landespolitik und wird von den Abgeordneten mit absoluter Mehrheit gewählt. ☐

m) Der Zusammenschluss der Abgeordneten einer Partei im Parlament. ☐

n) Sie wirken bei der politischen Willensbildung des Volkes mit. ☐

o) Seine Mitglieder beraten und entscheiden über wichtige Angelegenheiten des Landes. ☐

p) 4 x 6 + 8 x 4 + 4 x 3 = 68 ☐

q) Alle vier Jahre wird entschieden, wer für die nächsten Jahre die Landespolitik entscheidend bestimmt. ☐

r) Die finanzielle Entschädigung der Abgeordneten soll deren politische Unabhängigkeit sichern. ☐

s) Mit ihr wählt man eine Partei und sie entscheidet über die Zusammensetzung des Bundestages. ☐

t) Zusammenschluss mehrerer Gliedstaaten zu einem gemeinsamen Staat. ☐

S. 290 Ausgabe Niedersachsen	**Streitbare Demokratie**	S. 286–287; 346 f. Ausgabe Sachsen-Anhalt, Brandenburg und Mecklenburg-Vorpommern
Name:	Klasse:	Datum:

1

> Vor ein paar Jahren ist auf die Synagoge in Erfurt ein Brandanschlag verübt worden. Wenige Tage später wird der Täter ermittelt und festgenommen. Er ist den Ermittlern bekannt, da er durch das Zeigen verfassungsfeindlicher bzw. verbotener Symbole in der Vergangenheit bereits aufgefallen ist.

Was sind verfassungsfeindliche Symbole? Informieren Sie sich bei Ihrem Fachlehrer. Benennen Sie diese und begründen Sie das Verbot.

2 Was könnte junge Menschen islamischen Glaubens veranlassen, Selbstmordattentäter zu werden?

-
-
-
-
-

3 Welche Absichten verfolgen religiöse Führer, die Selbstmordattentäter anführen?

-
-
-

4

> In den Köpfen der Krieger Allahs (aus dem Gepäck des Todespiloten Muhammes Atta)
> Der Himmel, der auf den Märtyrer wartet, lechzt nach dir. Die Engel rufen deinen Namen und tragen ihre schönsten Kleider. Wenn du deine Tat beginnst, schlage hart zu wie ein Held, denn Gott mag Menschen nicht, die ihre Arbeit nicht beenden.

Zitiert nach: Kistenfeger, Hartmut: in: Die tödlichen Verse des Koran, Focus 37/2002, S. 55

Für wen ist dieser Text geschrieben worden und was soll er bewirken?

-
-
-

Medien

1 Nennen Sie fünf Massenmedien:

___

Notieren Sie mindestens drei politische Aufgaben der Massenmedien.

___

___

2 a) Tragen Sie ein, welche Probleme des Fernsehens in dem jeweiligen nebenstehenden Text angesprochen werden.

„Das Fernsehen ist ein Sensationsmedium. Seine wahre Bestimmung liegt, neben der Ermittlung der Lottozahlen, in der raschen und unbürokratischen Versorgung der Bevölkerung mit Katastrophen aller Art. (...) Die meisten Nachrichten sind gar nicht filmreif. Korruption, Koalitionskrach, Steuerreform und viele andere Meldungen zwingen die Fernsehjournalisten zu störenden Hilfsbildern, die vom Kern der Nachricht ablenken. (...)
Hintergrund und Zusammenhang ... müssen den Fernsehnachrichten immer fremd bleiben. Bilder sind oberflächlich und nicht hintergründig.“

Schnibben, Cordt: Herr Minister, ich danke Ihnen! in: DIE ZEIT, Nr. 38, vom 16.09.1988, S. 52 (gekürzt)

___

___

___

___

___

Die explodierenden Twin Towers von New York, die Flutwellen in Südostasien, die Bombenattentate von London ... Die Bilder von Zerstörung, Verwüstung und Tod, heute schon Archivmaterial, sind in den Köpfen der Zuschauer noch immer lebendig – und sie machen Angst.
Angst erfüllt zwar eine positive Abwehrfunktion, aber ihre mediale Vermittlung birgt Risiken. Medienpsychologen zufolge generieren Gewaltdarstellungen in TV-Nachrichten eine von Angst und Abwehr geprägte Weltsicht.

Evangelische Akademie Bad Boll (Hrsg.), Zugriff am 19.11 2009 unter http://www.uni-protokolle.de/nachrichten/id/104816/

___

___

___

___

___

b) Formulieren Sie angesichts dieser problematischen Aspekte des Fernsehens Regeln für den sinnvollen Umgang mit diesem Medium.

___

3 Wählen Sie aus einem selbst gewählten oder dem nebenstehenden Bild vier Bildausschnitte, die verschiedene Aussagen ermöglichen. Versehen Sie diese mit Bildunterschriften.

___

___

___

___

___

___

___

___

___

___

S. 238–246 Ausgabe Niedersachsen	**Medien**	S. 282–290 Ausgabe Sachsen-Anhalt, Brandenburg und Mecklenburg-Vorpommern
Name:	Klasse:	Datum:

1 Schreiben Sie hinter jeden der folgenden Medienbeiträge, ob dieser überwiegend informierend (i), meinungsbildend (m), oder kritisierend (k) ist.

Reportage ( ), Kommentar ( ), Meldung ( ), Nachrichten ( ), Leitartikel ( ), Satire ( ), Interview ( ), Diskussion ( ) + ( ), politisches Magazin ( ) + ( ), Wetterbericht ( ).

2 Erklären Sie, warum die Journalisten als „Gatekeeper" (Schleusenwärter) bezeichnet werden.

3 Interpretieren Sie die Karikatur.

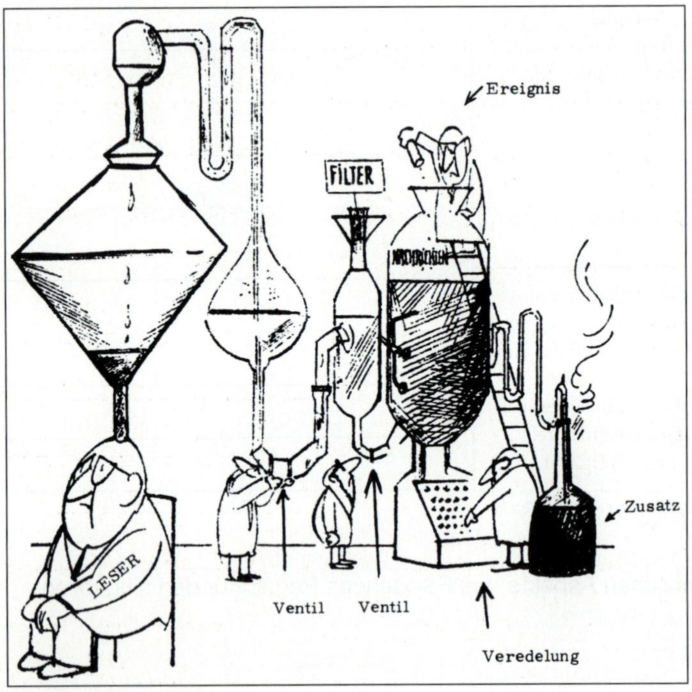

Die Nachrichtenfabrik

4 Wozu nutzen Sie das Internet? Vergleichen Sie Ihre eigenen Interessen bei der Nutzung des Internets mit den Ergebnissen einer Umfrage darüber, auf welche Weise es von 100 befragten Personen genutzt wird. Kreuzen Sie die Nutzungen an, die Ihren Interessen entsprechen, und ermitteln Sie auch die Ergebnisse Ihrer Klasse in %.

Nutzungen	Umfrage	Eigene Meinung	Klasse	Nutzungen	Umfrage	Eigene Meinung	Klasse
E-Mails	56			Reisebuchungen	23		
Produkte/Dienstleistungsangebote	34			Politiknachrichten	22		
Wirtschaftsinformationen	34			Lokale Nachrichten	21		
Software herunterladen	31			Online spielen	18		
Fahrplan-/Flugauskunft	30			Jobsuche, Wohnungsmarkt usw.	17		
Homebanking	28			Unterhaltungsangebote	17		
Chats, Newsgroups	27			Online-Shopping	17		
Veranstaltungskalender (Kino usw.)	24			Erotikangebote	8		

Deutschland nach dem Zweiten Weltkrieg

S. 301–303
Ausgabe Sachsen-Anhalt, Brandenburg und Mecklenburg-Vorpommern

1945 – Die Aufteilung Deutschlands durch die Alliierten

1 a) Tragen Sie die britische, amerikanische, französische und sowjetische Besatzungszone in die Karte ein.

b) Nennen Sie wichtige Vereinbarungen der **Potsdamer Konferenz.**

- Gebietsmäßige Veränderungen: ____________________

____

- Politische Veränderungen: ____________________

____

____

- Bevölkerungsmäßige Veränderungen: ____________________

____

- Wirtschaftliche Veränderungen: ____________________

____

____

c) Kennzeichnen Sie die Gebiete Pommern, Schlesien, Ostpreußen und die Teile Brandenburgs, die durch die Potsdamer Konferenz vom Deutschen Reich abgetrennt wurden.

d) Markieren Sie den Verlauf der Oder-Neiße-Linie.

e) Skizzieren Sie die Westverschiebung Polens.

f) Beschreiben Sie die Folgen des Zustroms von Flüchtlingen in die Besatzungszonen durch die Umsiedlung und Vertreibung der deutschen Bevölkerung aus den Ostgebieten.

- kurzfristig: ____________________

____

- langfristig: ____________________

____

	Deutschland nach dem Zweiten Weltkrieg	**S. 303–304** Ausgabe Sachsen-Anhalt, Brandenburg und Mecklenburg-Vorpommern
Name:	Klasse:	Datum:

1 a) Ergänzen Sie das Gründungsjahr beider deutscher Staaten.

Bundesrepublik Deutschland: ____________ DDR: ____________

b) Benennen Sie die Mächte, die die Entstehung beider deutscher Staaten förderten.

Gefördert durch: ________________ Gefördert durch: ________________

c) Beschreiben Sie die wesentlichen Ziele dieser Mächte bei der jeweiligen Staatsgründung.

____

____

2 a) Welches Ereignis wird durch das Foto dokumentiert?

____

____

b) Nennen Sie die wichtigen Ursachen für dieses Ereignis.

____

____

____

____

„Rosinenbomber“

3 a) Welche Vorgänge führten am 17. Juni 1953 zum Aufstand gegen die kommunistischen Machthaber in der DDR?

____

____

____

b) An welchen Gründen scheiterte der Aufstand?

____

____

Aufstand in Ostberlin am 17. Juni 1953

c) Welche Forderungen stellten die Aufständischen?

____

____

d) Recherchieren Sie die Anzahl der Bürger, die nach dem 17. Juni 1953 in die BRD geflüchtet und übergesiedelt sind, und wie viele in die Zuchthäuser der kommunistischen Machthaber eingeliefert wurden.

____

____

1 Nennen Sie in Stichpunkten die Gründe, die am 13. August 1961 zum Bau der Mauer in Berlin führen.

2 Interpretieren Sie die nebenstehende Aussage hinsichtlich ihres Wahrheitsgehalts.

NEUES DEUTSCHLAND

Ich verstehe Ihre Frage so, dass es in Westdeutschland Menschen gibt, die wünschen, dass wir die Bauarbeiter der Hauptstadt der DDR dazu mobilisieren, eine Mauer aufzurichten. Mir ist nicht bekannt, dass eine solche Absicht besteht. Die Bauarbeiter unserer Hauptstadt beschäftigen sich hauptsächlich mit Wohnungsbau, und ihre Arbeitskraft wird dafür voll eingesetzt.

„Niemand hat die Absicht eine Mauer zu errichten!"

Walter Ulbricht am 15.06.1961 auf einer internationalen Pressekonferenz in Ostberlin

3 Welche Auswirkungen ergeben sich für die Menschen in den beiden deutschen Staaten durch die gewaltsame Teilung?

4 Zementierung der deutschen Teilung

Grenzsicherung

Ich sage, jeder Schuss aus der Maschinenpistole eines unserer Grenzsicherungsposten zur Abwehr solcher Verbrechen rettet in der Konsequenz Hunderten von Kameraden, rettet Tausenden Bürgern der DDR das Leben und sichert Millionenwerte an Volksvermögen.

Ihr schießt nicht auf Bruder und Schwester, wenn Ihr mit der Waffe den Grenzverletzer zum Halten bringt. Wie kann der euer Bruder sein, der die Republik verrät, der die Macht des Volkes antastet! Auch der ist nicht euer Bruder, der zum Feind desertieren will. Mit Verrätern muss man sehr ernst sprechen. Verrätern gegenüber menschliche Gnade zu üben, heißt unmenschlich am ganzen Volk handeln.

Albert Norden, Mitglied des Politbüros des ZK der SED, 1963 vor Soldaten der Berliner Grenztruppen der NVA. Abgedruckt in: „Volksarmee", Nr. 41/1963.

Am 17. August 1962 wurde der 18-jährige Ostberliner Peter Fechter bei einem Fluchtversuch durch einen Schuss in die Lunge getroffen. Er blieb 50 Minuten lang ohne jede Hilfe und verblutete. Später wurde sein Leichnam abtransportiert.

a) Welches Ereignis der deutschen Teilung wird durch den Text und das Foto illustriert?

b) Nehmen Sie Stellung zu dem Text „Grenzsicherung". Wie ist Ihre Meinung?

	Politische Neuordnung	**S. 306–313** Ausgabe Sachsen-Anhalt, Brandenburg und Mecklenburg-Vorpommern

Name: Klasse: Datum:

1 Nennen Sie die für die Bundesrepublik Deutschland wichtigen Verträge (mit Jahresangaben), die im Rahmen der Ost-West-Entspannung geschlossen wurden.

2 Begründen Sie stichwortartig, ob die Entspannungspolitik Motor oder Bremse für die Revolution in der DDR im Herbst 1989 war. Die folgenden Aspekte sollen Sie anregen, für beide Meinungen Argumente zu finden.

Einige Aspekte:	Die Entspannungspolitik hat die friedliche Revolution **gefördert, weil**	**nicht gefördert, weil**
– Ostpolitik der SPD/FDP-Koalition		
– Reise- und Besucherregelung mit der DDR		
– zunehmender innerdeutscher Handel		
– Städtepartnerschaften		
– Freikauf von Häftlingen durch die Bundesrepublik		
– viele Regimekritiker der DDR werden zwangsausgesiedelt		
– Politik Gorbatschows		

3 Welche Umstände führen am 9. November 1989 zur friedlichen Revolution und zum Fall der Mauer?

4 Machen Sie Vorschläge, wie die innere Teilung Deutschlands in Ost und West überwunden werden könnte.

5 Begründen Sie aus Ihrer Sicht das unterschiedliche Wohlstandsgefälle in Ost- und Westdeutschland.

6 Beschreiben Sie die Rolle, die das vereinigte Deutschland Ihrer Meinung nach künftig in einem vereinten Europa spielen soll.

Umweltgerechtes Handeln – Umwelt-, Sozial- und Regionalverträglichkeit von Produktionsverfahren

1 Für viele Betriebe ist Umweltschutz zu einem neuen und wichtigen Betriebsziel geworden (z. B.Ökoaudit). Nennen Sie Gründe für diese Entwicklung.

____

____

____

2 In einer Fernsehdiskussion wird eine Reihe von Maßnahmen zum Schutz der Umwelt vorgeschlagen. Einig ist man sich darüber, dass von verschiedenen Seiten etwas getan werden muss.

a) Bearbeiten Sie die folgenden Aufgaben.
(1) Wer ist jeweils angesprochen, der Verbraucher (V), der Hersteller (H) oder der Staat (S)?
(2) Begründen Sie, mit welchen der angesprochenen Maßnahmen Sie einverstanden wären.

H, V, oder S?	Vorgeschlagene Maßnahmen	Kreuzen Sie an: Damit wäre ich einverstanden
	Dem Umweltschutz zuliebe „sauberer“ und ggf. teurer produzieren.	
	Den teureren Preis für das umweltfreundliche Produkt bezahlen.	
	Das Geschehen auf dem Markt soll nicht reglementiert werden.	
	Auf den Kauf verzichten.	
	Neue umweltschondende Produkte und Herstellungsverfahren entwickeln.	
	Gesetzliche Auflagen für mehr Umweltschutz erlassen.	
	Trotz besserer Einsicht das billigere und umweltbelastendere Produkt kaufen.	
	Für umweltgerechtere Produkte werben.	
	Grenzwerte verschärfen, z. B. beim Schadstoffausstoß.	
	Im Zweifel auf Umweltschutz verzichten und billiger produzieren.	

b) Werten Sie die Antworten Ihrer Klasse aus.

____

3 Was tun, wenn Produkte aus anderen Staaten angeboten werden, in denen es geringere oder keine Umweltschutzauflagen gibt, und diese daher zu einem günstigeren Preis angeboten werden?

Stellen Sie drei Möglichkeiten dar:

– von mir als Verbraucher: ______________________________

____

– von Seiten der Hersteller: ______________________________

____

– von Seiten des Staates: ______________________________

____

S. 227–237 Ausgabe Niedersachen	Ökonomie und Ökologie	S. 312–323 Ausgabe Sachsen-Anhalt, Brandenburg und Mecklenburg-Vorpommern
Name:	Klasse:	Datum:

1

> Die Mehrheit der Stadtbesucher ist sich einig: Ja, die Straßen sind überlastet; ja, Parkplätze sind äußerst knapp; ja, die Innenstädte sind verstopft; ja, die Abgase der vielen Autos verschmutzen die Luft. Aber die Frage, wie sie selbst denn in die Innenstadt gekommen sind, mussten die meisten – 57 von 100 – einräumen: Mit dem Auto. So ergibt sich aus einer Umfrage unter 6 248 Innenstadt-Besuchern in 52 Städten der Bundesrepublik Deutschland.

Geben Sie Gründe an, die nach Ihrer Meinung bzw. Ihrer Erfahrung für den Widerspruch im Bewusstsein und im Handeln der Betroffenen verantwortlich sind.

2 Wo sehen Sie Möglichkeiten, beim Input zu sparen? Machen Sie bei den Begriffen jeweils ein Kreuz. Kennzeichnen Sie beim Output recyclingfähige Abfälle mit einem Punkt.

Beziehungen des privaten Haushalts zur Umwelt

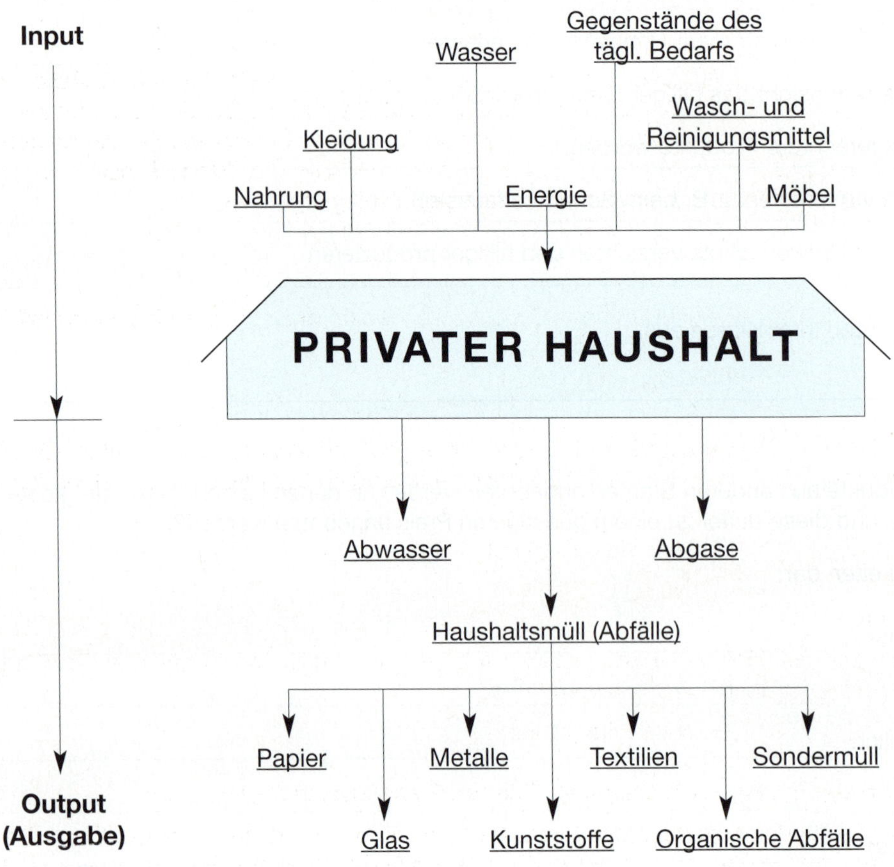

S. 227–237 Ausgabe Niedersachsen	**Umweltschutz**	S. 312–323 Ausgabe Sachsen-Anhalt, Brandenburg und Mecklenburg-Vorpommern

1 Fassen Sie mögliche Auswirkungen des Treibhauseffekts zusammen.

____

____

2 Nennen Sie mindestens eine Ursache für den Konflikt zwischen Ökonomie und Ökologie.

____

____

____

3 Setzen Sie die vier Begriffe *Gemeinlastprinzip, Kooperationsprinzip, Verursacherprinzip und Vorsorgeprinzip* an den richtigen Stellen der folgenden Texte ein:

Nach dem ____________________ sollen Umweltbelastungen grundsätzlich vermieden werden oder auf ein nach dem Stand der Technik erreichbares Mindestmaß beschränkt werden. So begrenzt z. B. das Bundes-Immissionsschutzgesetz die Emmissionen von Industrieanlagen nach dem Stand der Technik.

Nach dem ______________________ trägt derjenige die Kosten der Vermeidung oder Beseitigung einer Umweltbelastung, der für ihre Entstehung verantwortlich ist. So richtet sich z. B. die Höhe der Abwasserabgabe für die Industrie nach der Schädlichkeit des eingeleiteten Abwassers.

Nach dem ________________________ arbeiten Wirtschaft, Bürger und Staat im Umweltschutz zusammen. Probleme werden durch die Zusammenarbeit aller Beteiligten gelöst. Unter dieses Prinzip fällt z. B. die Mitarbeit der Bürger beim Trennen von Abfällen und die Selbstverpflichtung der Automobilindustrie, alte Autos zurückzunehmen.

Nach dem ______________________ trägt die Gemeinschaft die Kosten der Umweltbelastung, weil die Erhaltung der Umwelt im Interesse aller liegt. So fallen z. B. die öffentlichen Umweltschutzinvestitionen, die von allen Steuerzahlern getragen werden, unter dieses Prinzip. In früheren Jahren wurden die Kosten der Umweltbelastung vor allem nach dem Gemeinlastprinzip getragen. Heute wird dieses Prinzip zunehmend von den drei anderen Prinzipien abgelöst, die sich gegenseitig ergänzen.

4 Bei welchen der folgenden Tipps zur Abfallvermeidung würden Sie mitmachen, bei welchen nicht? Bereiten Sie sich auf eine mündliche Begründung vor.

Tragetaschen

Benutzen Sie keine Plastiktüten und bringen Sie stattdessen Ihre eigenen Einkaufstaschen, -netze, -beutel oder -körbe mit. Einkauf um Einkauf lässt sich so der Berg an Wegwerftüten aus Plastik oder Papier verringern.

☐ ich mache mit ☐ ich mache nicht mit

Miniportionsverpackungen

Bevorzugen Sie möglichst größere statt vieler kleiner Verpackungen. Bei Miniverpackungen steht der Verpackungsaufwand in keinem vernünftigen Verhältnis zum Inhalt.

☐ ich mache mit ☐ ich mache nicht mit

Möbel, Elektrogeräte, Spielzeug, Hausrat, Kleidung, Bücher, Sportausrüstungen u. v. m.

Je öfter und je länger Gegenstände genutzt werden, desto weniger müssen produziert werden. Fast alles lässt sich gebraucht kaufen, mieten oder tauschen. Auf diese Weise werden Rohstoffreserven geschont, Energie eingespart und Abfälle vermieden.

☐ ich mache mit ☐ ich mache nicht mit

S. 294–299 Ausgabe Niedersachen	**Die Europäische Union**	S. 332–339 Ausgabe Sachsen-Anhalt, Brandenburg und Mecklenburg-Vorpommern

Name: Klasse: Datum:

1

Bringen Sie folgende Ereignisse der europäischen Einigung durch Einsetzen von Zahlen in die richtige Reihenfolge.
Ergänzen Sie die Übersicht durch die jeweilige Jahreszahl.

	Reihenfolge	Jahr
Beginn der Währungsunion		
Gründung der Europäischen Wirtschaftsgemeinschaft		
Unterzeichnung des Reformvertrages von Lissabon		
Gründung der Europäischen Gemeinschaft für Kohle und Stahl (Montanunion)		
Zusammenschluss der drei Gemeinschaften zur Europäischen Gemeinschaft (EG)		
Erste Direktwahl zum Europäischen Parlament		
Beginn des EG-Binnenmarktes		
Vertrag von Amsterdam zur Weiterentwicklung der EU		
Beginn der Europäischen Union		
Erweiterung der EU um 10 neue Mitglieder		

2 Tragen Sie die vier Grundfreiheiten des Binnenmarktes in die Übersicht ein. Nennen Sie für jede ein Beispiel, das Sie direkt oder indirekt betrifft.

Freier P ____________ verkehr	____________
Freier W ____________ verkehr	____________
Freier D ____________ verkehr	____________
Freier K ____________ verkehr	____________

3 Welche der folgenden Aussagen entsprechen der Europa-Idee oder den Zielen der Europäischen Einigung? Kreuzen Sie die zutreffenden an und bewerten Sie diese daraufhin, ob sie nach Ihrer Meinung überwiegend (+), teilweise (0) oder kaum (-) verwirklicht wurden.

Ein geeintes Europa ... Bewertung

- ☐ ermöglicht seinen Einwohnern Glück und Wohlstand. ☐
- ☐ ist in der Lage, sich zur stärksten Weltmacht zu entwickeln. ☐
- ☐ fördert die Lebens- und Arbeitsbedingungen der Menschen. ☐
- ☐ wahrt durch den Zusammenschluss Frieden und Freiheit seiner Bürger. ☐
- ☐ verbessert die Rechtssicherheit und den Verbraucherschutz. ☐

Das Parlament setzt sich durch

Um den freien Dienstleistungsverkehr im Binnenmarkt zu verbessern, entwirft die Europäische Kommission eine sogenannte „Dienstleistungsrichtlinie“. Danach sollen Anbieter von Dienstleistungen, z. B. Reparaturhandwerk oder Körperpflege, nach den Arbeitsbedingungen ihres jeweiligen Herkunftslandes arbeiten dürfen (Herkunftslandprinzip). Dagegen haben Gewerkschaften wirkungsvolle Demonstrationen organisiert. Sie befürchten Lohndumping durch Billigkonkurrenz – vor allem aus Osteuropa. Wegen dieser Proteste formulierte das Europäische Parlament einen Kompromissvorschlag. Das Herkunftslandprinzip entfällt, aber ausländische Anbieter dürfen nicht benachteiligt werden. Für sie gelten die Arbeitsbedingungen des Landes, in dem sie tätig sind. Der Parlamentsvorschlag wird vom Ministerrat übernommen, im Dezember 2006 als Richtlinie beschlossen und ist in allen Mitgliedsländern der EU bis Dezember 2009 in nationales Recht umzusetzen.

(Autorentext) nach Medienberichten 2006/Anfang 2007

1 a) Benennen Sie die Aufgaben der beteiligten EU-Organe und unterstreichen Sie die Aufgaben, die für diesen Fall zutreffen.

Europäische Kommission: ______________________

____

Europäisches Parlament: ______________________

Ministerrat: ______________________

b) Stellen Sie den Kommissionsvorschlag dar:

____

____

c) Notieren Sie den Kompromissvorschlag des Parlaments.

____

____

d) Begründen Sie den Abänderung durch das EU-Parlament.

____

2 Notieren Sie Informationsmöglichkeiten für eine Arbeitsaufnahme im Ausland.

____

____

3 Entnehmen Sie der EU-Sozialcharta:

a) das Sozialrechtsprinzip bei der Arbeitsaufnahme in einem anderen Land der EU.

____

b) Mindestbestimmungen für Arbeitnehmer zum Arbeitsrecht:

____

____

1

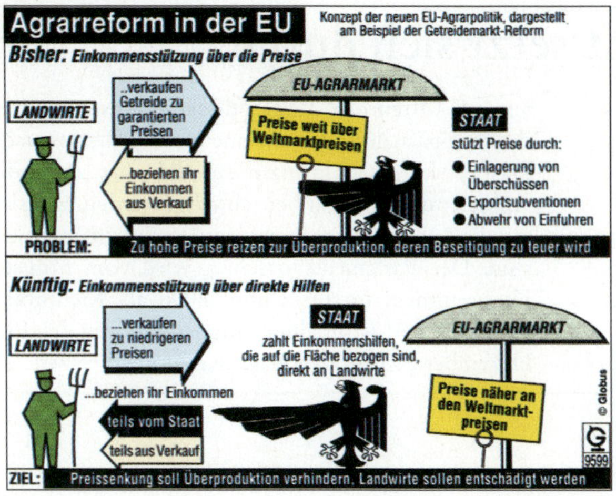

In der Europäischen Union verursacht die Finanzierung des Agrarmarktes die größten Kosten. Reformen sollen den Kostenanstieg begrenzen, um die Union für die Aufnahme weiterer Mitglieder „fit“ zu machen.

a) Wodurch entstehen die Kosten des Agrarmarktes?

b) Ermitteln Sie den wichtigsten Kostenfaktor, der bei einer Verwirklichung der Agrarreform entfallen würde.

2 Der deutsche Bundestag hat am 1. April 2004 ein Gesetz zur Umsetzung der Reform der Gemeinsamen Agrarpolitik der EU beschlossen. Es tritt am 1. Januar 2005 in Kraft. Zentrale Bestandteile sind mit den Begriffen „Entkoppelung“ und „Cross Compliance“ (Überkreuzungsverpflichtung) verbunden.
Ermitteln Sie die Auswirkungen der Agrarreform an je einem konkreten Beispiel aus Ihrer Region, indem Sie Auskünfte von Landwirten, von Landvolk- oder Bauernverbänden einholen.

a) **Entkoppelung** der EU-Zahlungen (Prämien) bedeutet, dass bei einem Teil der Agrarprodukte nicht mehr nach der produzierten Menge gezahlt wird, z. B. nach dem Getreideertrag bzw. nach der Zahl der Rinder. Bis 2012 bestehen die Prämien aus einem Mischmodell aus Basisbeträgen aus dem Zeitraum 2000 bis 2002 für die Fläche und betrieblichen Zuschlägen, insbesondere aus der Tierhaltung.

b) **Cross Compliance**: Ein Teil der Zuschüsse wird an die Einhaltung von 19 in der EU geltenden Vorschriften zum Umwelt- und Tierschutz sowie zur Lebensmittelsicherheit geknüpft, die auch schon vor der Agrarreform zu erfüllen waren. Sie werden jetzt schrittweise in Kontrollen einbezogen. Verstöße können mit bis zu 15 % Prämienabzug belegt werden.

c) Halten Sie diese Agrarreform für gerechtfertigt?

S. 295–304 Ausgabe Niedersachen	**Die Europäische Union**	**S. 333–345** Ausgabe Sachsen-Anhalt, Brandenburg und Mecklenburg-Vorpommern
Name:	Klasse:	Datum:

1 Kennen Sie die Länder und ihre Hauptstädte? Tragen Sie diese unter Zuhilfenahme eines Atlasses in die Tabelle ein. Kreuzen Sie die Länder an, die Mitglied in der EU sind. Geben Sie den Ländern einen Punkt, die einen Beitrittsantrag gestellt haben und mit denen über eine Aufnahme in die EU verhandelt wird..

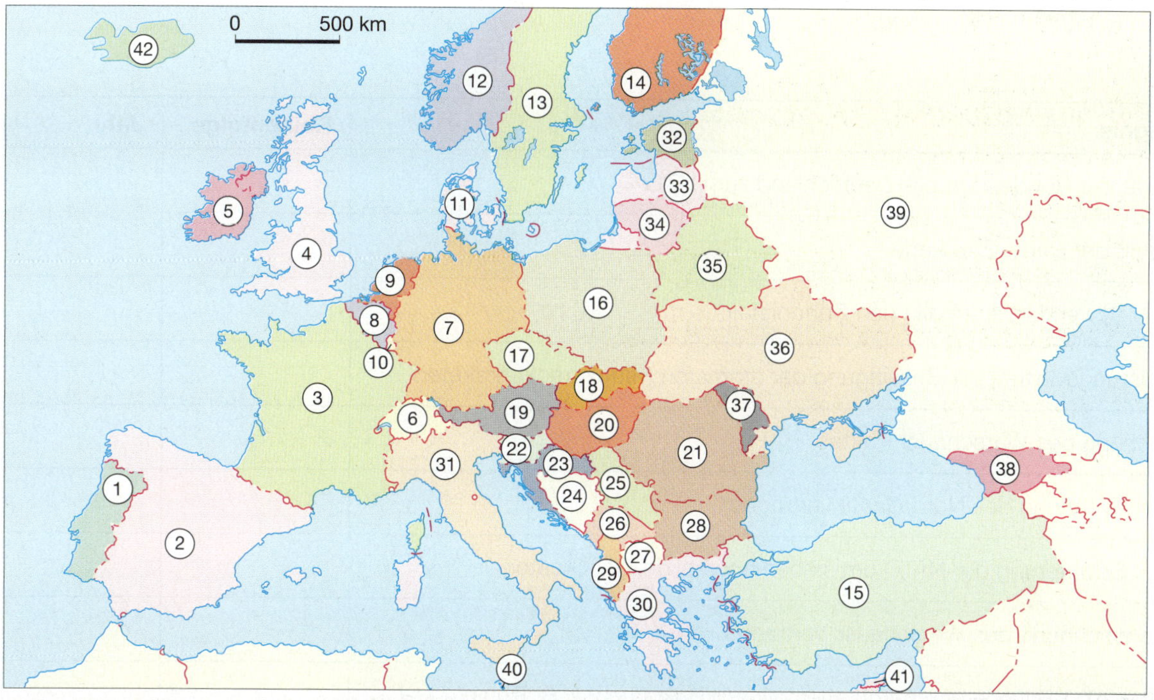

Land	Hauptstadt	EU
1		○
2		○
3		○
4		○
5		○
6		○
7		○
8		○
9		○
10		○
11		○
12		○
13		○
14		○
15		○
16		○
17		○
18		○
19		○
20		○
21		○

Land	Hauptstadt	EU
22		○
23		○
24		○
25		○
26		○
27		○
28		○
29		○
30		○
31		○
32		○
33		○
34		○
35		○
36		○
37		○
38		○
39		○
40		○
41		○
42		○

** Serbien/Montenegro. Seit 03.06.2006 handelt es sich um zwei Staaten und seit der Abspaltung des Kosovos eigentlich um drei.*

S. 306–315 Ausgabe Niedersachsen	Friedenssicherung	S. 346–356 Ausgabe Sachsen-Anhalt, Brandenburg und Mecklenburg-Vorpommern

1 Seit Ende des Zweiten Weltkrieges hat sich die sicherheitspolitische Lage in Europa und der Welt mehrfach geändert. Dabei übernimmt die NATO eine wichtige Aufgabe. Bringen Sie die Ereignisse durch Einsetzen von Ziffern in die richtige Reihenfolge. Ergänzen Sie die Übersicht durch die Jahreszahl des jeweiligen Ereignisses.

Ereignis	Reihenfolge	Jahr
Beitritt der Bundesrepublik Deutschland zur NATO		
Beginn der Berlin-Blockade		
Die NATO erklärt erstmalig den Bündnisfall		
Abrüstungsvertrag zur Beseitigung der atomaren Mittelstreckenraketen		
Auflösung des Warschauer Paktes		
Unterzeichnung des Nordatlantikvertrages		
Neue Erweiterung der NATO um sieben ehemalige WP-Staaten		
Unterzeichnung des Warschauer Vertrages		
Erste NATO-Erweiterung durch ehemalige WP-Staaten, z. B. Polen		
„Pariser Charta“ der KSZE: Ende des Kalten Krieges		

2 Seit dem Ende des Ost-West-Konflikts sind in Europa vor allem auf dem Balkan historische Konflikte aufgebrochen und haben zu kriegerischen Auseinandersetzungen geführt. Ähnliche Auseinandersetzungen mit den jeweiligen Auswirkungen finden auch in anderen Regionen der Welt statt.

Die „Sieger“ von Bosnien

a) Wie sieht der Zeichner die „Erfolge“ dieser Auseinandersetzungen?

____

____

____

b) Ordnen Sie den Bosnien-Konflikt den Konfliktursachen zu.

____

____

c) Ermitteln Sie einen weiteren Konflikt dieser Art.

____

d) Entwickeln Sie einen Vorschlag, auf welche Weise künftig in Europa weitere Konflikte vermieden oder gemildert werden können.

____

____

S. 309–311 Ausgabe Niedersachsen	**Friedensicherung**	S. 350–351 Ausgabe Sachsen-Anhalt, Brandenburg und Mecklenburg-Vorpommern
Name:	Klasse:	Datum:

1 STREIT UM BUNDESWEHRREFORM

Union fürchtet Schwächung der Bundeswehr

Wehrpflicht und Zivildienst abschaffen

Strukturkommission will Profitruppe

Marschrichtung Berufsarmee?

Bringt „Wehrdienst-Lotterie" Ende des Zivildienstes?

Bei der Gründung der Bundeswehr musste sich der Deutsche Bundestag für die Einführung der allgemeinen Wehrpflicht oder für eine Berufsarmee entscheiden. Auch heute wird darüber u. a. wegen der verminderten Gefahr eines großen Krieges diskutiert. Welche Gesichtspunkte sprechen für die Wehrpflicht, welche für eine Freiwilligenarmee (Berufsarmee)?

	Wehrpflicht	Berufsarmee
Sie verteilt die Verteidigungslast auf viele.		
Sie garantiert eine intensive Ausbildung, bessere Beherrschung der Waffensysteme und besseres Verhalten auf dem Gefechtsfeld.		
Sie ist rasch einsatzbereit, da eine Mobilmachung entfällt.		
Sie bindet Volk und Staat und verhindert einen Staat im Staate.		
Sie widersetzt sich Staatsstreichplänen militärischer Führer.		
Sie schafft Reservisten für den Fall länger dauernder Kriege.		
Sie spart Personalkosten.		
Sie gewährleistet eine bessere Pflege von Waffen und Gerät.		
Sie kann die besten Bewerber auswählen.		

2 Krankenhäuser und Sozialverbände warnen vor einer Abschaffung der Wehrpflicht, und damit auch des Zivildienstes.

a) Begründen Sie diese Haltung.

b) Nennen Sie drei Aufgaben von „Zivis".

c) Nennen Sie Auswirkungen der Abschaffung des Zivildienstes.

3 Nehmen Sie begründet Stellung zur Abschaffung der Wehrpflicht und zur Einführung eines sozialen Pflichtjahrs.

1 Seit Sommer 2006 beteiligt sich die Bundeswehr an einer EU-Friedensmission im Kongo zur Unterstützung freier Wahlen
Interpretieren Sie die Karikatur.

Kongo-Einsatz

2 Nach dem Ende des Ost-West-Konflikts steht die Bundeswehr vor neuen Anforderungen. Deutschland ist von befreundeten Nachbarn umgeben. Die eigentliche Landesverteidigung rückt in den Hintergrund. Im März 2010 sind knapp 6900 Angehörige der Bundeswehr im Auslandseinsatz[1].
Nach einer Emnid-Umfrage im Sommer 2004 werden Aufgaben und Einsätze der Bundeswehr, wie in der Tabelle dargestellt, bewertet. Kennzeichnen Sie Ihre Zustimmung mit einem + (= gut), Ihre Ablehnung mit einem - (= schlecht). Ermitteln Sie dann ein Meinungsbild Ihrer Klasse und vergleichen es mit den Ergebnissen der Umfrage.

Aufgaben und Einsätze der Bundeswehr aus Sicht der Bevölkerung	Umfrageergebnis		Eigene Meinung	Klassenmeinung			
	gut	schlecht		+	%	–	%
Aufgaben der Bundeswehr							
Landesverteidigung	95						
NATO-Bündnisverteidigung	73						
Hilfseinsätze (Inland)	98						
Hilfseinsätze (Ausland)	91						
Friedenssichernde Einsätze mit UN-Mandat	81						
Friedensschaffende Einsätze mit UN-Mandat	58						
Einsätze der Bundeswehr							
...internationale Friedenstruppen (z. B. Bosnien und Kosovo)	73						
...Maßnahmen gegen internationalen Terrorismus (z. B. Horn von Afrika)	63						
...internationale Schutztruppe (z. B. Afghanistan)	57						
...friedenserzwingende Maßnahmen (z. B. Luftschläge gegen Jugoslawien)	42						
Aufgabenerfüllung durch die Bundeswehr							
...auf dem Balkan	87	5					
...in Afghanistan	82	9					
...Marine am Horn von Afrika	64	11					

Fehlende Zahlen zu 100 % der Umfrage: weiß nicht oder keine Angabe, Quelle: Streitkräfteamt, Information für die Truppe Nr. 1, 1. Quartal 2005, S. 48

[1] *Im Sommer 2010 werden wahrscheinlich weitere 500 Soldaten nach Afghanistan entsandt.*

S. 316–323 Ausgabe Niedersachsen	**Entwicklungspolitik**	S. 357–365 Ausgabe Sachsen-Anhalt, Brandenburg und Mecklenburg-Vorpommern

Name: Klasse: Datum:

1

a) Interpretieren Sie die Karikatur mit eigenen Worten.

b) Begründen Sie, ob die Aussage realistisch ist.

2 Unterentwicklung hat mehrere Ursachen. Kreuzen Sie an. (Doppelnennungen möglich)

Ursachen	Natur	innere Ursachen	äußere Ursachen
Starkes Bevölkerungswachstum			
Monokulturen durch Kolonialismus und Exportorientierung			
Rohstoffmangel (z. B. Erdöl)			
Abhängigkeit von Rohstoffexport bei niedrigen Preisen			
Fehlen von Maschinen und Anlagen			
Devisenmangel wegen Kapitalflucht			
Wüstenklima und Trockenheit			
Fehlende Schulen und Krankenhäuser			

3 Nennen Sie drei Beweggründe für Entwicklungshilfe durch die Industrieländer.

-
-
-

4 Kreuzen Sie zutreffende Aussagen zur Entwicklungspolitik an.

- ☐ Die Entwicklungsländer müssen dringend nach dem Vorbild des Westens industrialisiert werden.
- ☐ Entwicklungshilfe soll die Menschen in den unterentwickelten Ländern in die Lage versetzen, sich selbst zu helfen.
- ☐ Entwicklungshilfe soll Zusammenarbeit auf Gegenseitigkeit sein, denn Industrie- und Entwicklungsländer sind aufeinander angewiesen.
- ☐ Finanzhilfe muss von den Entwicklungsländern immer im Sinne der Geberländer verwendet werden.
- ☐ Entwicklungshilfe geschieht ohne Eigennutz.
- ☐ Die Bundesrepublik Deutschland leistet keine Entwicklungshilfe an Länder, die aufgrund einer Ideologie ihre Nachbarländer bedrohen.

Gefährdung der Böden und der Ernährungsbasis

Böden bilden eine der Grundlagen menschlichen Lebens, zusammen mit Gewässern [...]. Menschen [haben] schon immer in terrestrische [festländische] Ökosysteme eingegriffen, dabei häufig das Prinzip der Nachhaltigkeit verletzt und die agrarischen Ökosysteme kurzsichtig mit dem Ziel möglichst hoher Erträge in möglichst kurzen Zeiträumen übernutzt.

Experten des UNEP [Umweltprogramm der UN] befürchten, dass durch die voranschreitende Desertifikation (Verödung, Versteppung, Verwüstung) fast ein Viertel des weltweiten Ackerlandes [...] gefährdet sein könnten.

Hauptursachen [...] sind [neben dem wachsenden Bevölkerungsdruck]: Überweidung durch zu starken Viehbesatz, besonders in den Trockengebieten Afrikas. [...] Schon die koloniale [...] Sesshaftmachung der Normaden hatte zu einer Vergrößerung der Viehherden geführt, die außerdem ein Statussymbol darstellen. Die Bohrung von Tiefbrunnen und Impfaktionen gegen Tierseuchen störten das Gleichgewicht zwischen Weideflächen und Wassereserven. Die großen Viehherden zertrampelten den Boden und grasten im großen Umkreis der Wasserstellen die Grasnarben ab. Die Ziegenherden erledigten den Rest, weil sie die gegen Winderosion schützenden Büsche kahl fraßen.

Nuscheler, Franz: Lern- und Arbeitsbuch, Entwicklungspolitik, 6. Auflage, Verlag J. H. W. Dietz Nachf., Bonn 2005, S. 390 f.

1 Zwischen den einzelnen Problemen, dargestellt am Beispiel der Sahelzone, bestehen Zusammenhänge, die wie „Teufelszangen“ den Lebensraum der Menschen einschränken. Werten Sie den oben stehenden Bericht aus und ergänzen Sie das Schema.

Teufelszange (Umweltzerstörung) im Sahel

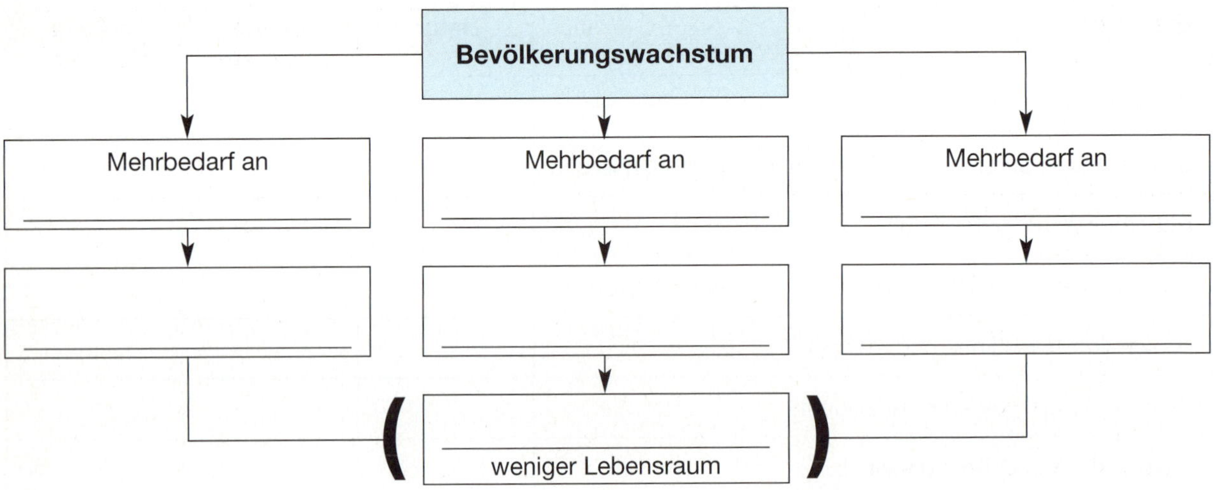

2 Nennen Sie drei Problembereiche der internationalen Entwicklungspolitik und ergänzen Sie diese durch die jeweils umstrittenen bzw. schwierigen Lösungen.

Problembereich	Umstrittene/schwierige Lösung

3 Der ermordete ehemalige amerikanische Präsident John F. Kennedy sagte 1960: „Wenn die freie Gesellschaft nicht der großen Mehrheit der Armen helfen kann, kann sie niemals die kleine Anzahl der Reichen retten.“ (Zit. nach: Hauch-Fleck, Marie-Luise: Die habgierigen Spender, in: Die Zeit vom 24.04.1992, S. 22). Nehmen Sie Stellung dazu.

Bildquellenverzeichnis

akg-images GmbH, Berlin: S. 77 (2)
Bilderbox, Thening/Österreich: S. 26 (2)
Bremer Touristik-Zentrale: S. 73
Erich Schmidt Verlag, Berlin: S. 36
fotolia (fotohansi): S. 26 (rechts oben)
dpa Infografik, Hamburg: S. 37, 39, 61, 75, 76, 84
MEV Verlag, Augsburg: S. 11, 18, 24, 26 (3), 44, 57, 82
picture alliance GmbH, Umschlag
pixelio media GmbH, München: S. 48
Ullstein Bilderdienst, Berlin: S. 77
Johannes Wolframm: S. 45

Karikaturen/Zeichnungen

Peter Bensch: S. 10
Angelika Brauner: S. 85
Horst Haitzinger: S. 88, 89
Walter Hanel: S. 74
Gerhard Mester: S. 59, 86
Andreas Rulle: S. 50
Jupp Wolter/Haus der Geschichte: S. 9, 13